Pareceres de Direito Penal

Pareceres de Direito Penal

2021

Antonio Cezar Peluso
Ministro aposentado
Ex-presidente do Supremo Tribunal Federal
Ex-professor da Faculdade de Direito da PUC de São Paulo

PARECERES DE DIREITO PENAL
© Almedina, 2021
AUTOR: Antonio Cezar Peluso

DIRETOR ALMEDINA BRASIL: Rodrigo Mentz
EDITORA JURÍDICA: Manuella Santos de Castro
EDITOR DE DESENVOLVIMENTO: Aurélio Cesar Nogueira
ASSISTENTES EDITORIAIS: Isabela Leite e Larissa Nogueira

DIAGRAMAÇÃO: Almedina
DESIGN DE CAPA: FBA

ISBN: 9786556271804
Fevereiro, 2021

Dados Internacionais de Catalogação na Publicação (CIP)
(Câmara Brasileira do Livro, SP, Brasil)

Peluso, Antonio Cezar
Pareceres de direito penal / Antonio Cezar Peluso.
-- São Paulo : Almedina, 2021.

Bibliografia.
ISBN 9786556271804

Índice:
1. Direito penal 2. Direito penal - Brasil
3. Pareceres jurídicos I. Título.

20-51757 CDU-343

Índices para catálogo sistemático:
1. Direito penal 343
Cibele Maria Dias - Bibliotecária - CRB-8/9427

Conselho Científico Instituto de Direito Público– IDP
Presidente: Gilmar Ferreira Mendes
Secretário-Geral: Jairo Gilberto Schäfer; *Coordenador-Geral*: João Paulo Bachur; *Coordenador Executivo*:
Atalá Correia
Alberto Oehling de Los Reyes | Alexandre Zavaglia Pereira Coelho | Antônio Francisco de Sousa |
Arnoldo Wald | Sergio Antônio Ferreira Victor | Carlos Blanco de Morais | Everardo Maciel | Fabio
Lima Quintas | Felix Fischer | Fernando Rezende | Francisco Balaguer Callejón | Francisco Fernandez
Segado | Ingo Wolfgang Sarlet | Jorge Miranda | José Levi Mello do Amaral Júnior | José Roberto Afonso
| Elival da Silva Ramos | Katrin Möltgen | Lenio Luiz Streck | Ludger Schrapper | Maria Alícia Lima
Peralta | Michael Bertrams | Miguel Carbonell Sánchez | Paulo Gustavo Gonet Branco | Pier Domenico
Logoscino | Rainer Frey | Rodrigo de Bittencourt Mudrovitsch | Laura Schertel Mendes | Rui Stoco |
Ruy Rosado de Aguiar | Sergio Bermudes | Sérgio Prado | Walter Costa Porto

Este livro segue as regras do novo Acordo Ortográfico da Língua Portuguesa (1990).

Todos os direitos reservados. Nenhuma parte deste livro, protegido por copyright, pode ser reproduzida,
armazenada ou transmitida de alguma forma ou por algum meio, seja eletrônico ou mecânico, inclusive
fotocópia, gravação ou qualquer sistema de armazenagem de informações, sem a permissão expressa e
por escrito da editora.

EDITORA: Almedina Brasil
Rua José Maria Lisboa, 860, Conj.131 e 132, Jardim Paulista | 01423-001 São Paulo | Brasil
editora@almedina.com.br
www.almedina.com.br

APRESENTAÇÃO

Tenho particular apreço pelas palavras e confesso que as prefiro em lugar da imagem ou de representações gráficas tipo emoji. E o porquê dessa postura? Porque a imagem reproduz um momento qualquer que não se prolonga no tempo e tende a desaparecer a curto prazo e porque o emoji, na linguagem digital, tem a pretensão de esvaziar as palavras e até mesmo de substituí-las em mensagens curtas. A imagem e o emoji, em certas situações concretas, podem provocar emoção? Sem dúvida alguma, mas será sempre uma emoção passageira porque logo surgirá uma outra imagem ou uma outra reprodução gráfica e, sucessivamente, outras mais. Por ter um caráter meramente visual, tanto a imagem como a reprodução gráfica dispensam o conhecimento de qualquer idioma. Basta não ser cego para captá-las. Como afirmou Giovanni Sartori, por volta do ano de 2016, «a televisão e o mundo da internet produzem imagens e apagam conceitos, de modo que atrofiam nossa capacidade de entender" (*La carrera hacia ninguna parte*. trad. Nüria Petit, 2016, Buenos Aires: Ed. Taurus, p. 19). Por outro lado, as reproduções gráficas que expressam o que uma pessoa pensa ou sente num momento determinado dão margem a imensas equivocidades.

E qual a razão que me leva a desprezar a imagem e a reprodução gráfica e atribuir um valor inestimável às palavras? Porque elas constituem o registro do que sou, do que penso, do que sinto e de tudo o mais que está dentro de mim e necessita exteriorizar-se. É a mostra de mim mesmo por inteiro. E mais do que isto. As palavras não tem tempo de duração e, para comprovar o que afirmo, está aí a literatura para confirmar o valor e significado das palavras. Para elas, não tem nenhuma importância o tempo decorrido. Há autores de passado remoto que são capazes, nos dias atuais, de sensibilizar e de provocar emoção com suas palavras.

E por que faço este longo introito para justificar minha presença nas páginas iniciais do presente livro? Porque recebi a incumbência de efetuar, em breves palavras, a apresentação do Autor e de sua obra e devo, por isso, fazer jus ao encargo recebido. Não se trata para mim de tarefa simples. Ao contrário, sinto-me extremamente preocupado com cada palavra escrita a fim de que represente, com exatidão, o que penso e escrevo sobre os dados pessoais do Autor e sobre o trabalho realizado.

O sempre consagrado Antônio Houaiss afirmava, com razão, que "apresentar é dar a conhecer uma (ou mais) pessoa (s) a outra (s): pô-las em contato pessoalmente ou por escrito" (Dicionário Houaiss da Língua Portuguesa. 2001, Rio de Janeiro: Objetiva, p. 262). Nessa linha de compreensão, a apresentação tem por objetivo imediato ampliar o mais possível o campo de visualização do Autor, permitindo ao leitor ou ao profissional do direito ter, sobre ele, um melhor nível de conhecimento.

Aqui surgiu um óbice difícil de ser superado, invencível mesmo. Como um juiz aposentado por volta de 1985, agora na berma dos 90 anos de idade, parado no tempo e no espaço, teria condições de apresentar António Cezar Peluso? E precisaria ele de alguma apresentação? Quem não conhece o extraordinário Desembargador do Tribunal de Justiça de São Paulo que foi alçado a Ministro do Supremo Tribunal Federal e do qual foi Presidente? As indagações são pertinentes e apropriadas e a elas me rendo. No meio jurídico, não há quem não o conheça, tornando-se dispensável a apresentação.

E agora tenho de enfrentar outro obstáculo. Tecer considerações sobre a obra a ser publicada. Quem já teve oportunidade de ler o livro "Decisões de Cezar Peluso no Supremo Tribunal Federal" ficou ao corrente da imensa riqueza de seu pensamento ao enfrentar, de modo aprofundado, aos mais complexos questionamentos que chegavam ao Órgão Máximo do Poder Judiciário. O livro presente revela uma outra faceta de sua extraordinária capacidade jurídica. Cezar Peluso, como ministro aposentado do Supremo Tribunal Federal, passou a exercer a Advocacia e nesta nova atividade jurídica, consagrou-se como parecerista, que, segundo o sempre abalizado Antônio Houaiss (ob. cit. pag. 2.133), constitui "a opinião manifestada por jurisconsulto sobre questão jurídica a respeito da qual existe dúvida". Ora, o trabalho em vias de publicação constitui a correta definição proposta por Houaiss. É uma temática carregada de incertezas teóricas que, mercê do conhecimento jurídico do parecerista, são destrinçadas e devidamente esclarecidas. Questões intrincadas que envolvem o Direito Penal e, sobretudo, o Processo Penal são analisadas em profundidade tais como a colaboração premiada sem acordo com a Autoridade Policial ou o Ministério Público; a suspeição de juiz criminal; o alcance do devido processo legal e a competência penal; pena e detração do período de prisão preventiva domiciliar; denúncia e prova mínima do fato; denúncia anônima; denúncia unitária em face de fato fragmentado e mais um rol de matérias de extrema relevância que são enfocadas, com o brilho de sempre e devidamente esclarecidas.

Eis, portanto, minha simples apresentação para uma obra de grande calibre científico que, por certo, provocará o interesse a consideração dos que habitam o mundo jurídico. Eu, de minha parte, sou grato às palavras que me permitiram sem atropelos chegar a este desfecho.

ALBERTO SILVA FRANCO
Desembargador aposentado do Tribunal de Justiça
de São Paulo e fundador do IBCCRIM

SUMÁRIO

1. Suspeição Caracterizada de Juiz Criminal — 11
2. Colaboração Premiada, sem Acordo com a Autoridade Policial e o MP — 19
3. Alcance do Devido Processo Legal e Competência Penal — 29
4. Desarquivamento Irregular de Inquérito e Apresentação de Denúncia — 49
5. Pena e Detração do Período de Prisão Preventiva Domiciliar — 59
6. Prova da Culpa e *Chamada De Corréu* — 65
7. Associação Criminosa. Extinção de Punibilidade de Crime Tributário — 73
8. Denúncia e Prova Mínima do Fato — 83
9. Abertura de Inquérito Contra Titular de Foro Especial. Denúncia Anônima — 93
10. Fragmentação de Denúncia Unitária e o Devido Processo Legal — 105
11. Crime Societário. Denúncia Genérica e Teoria do Domínio do Fato — 125
12. *Abolitio Criminis* de Crime Financeiro. Suspensão do Processo e Pena de Multa — 137

1
Suspeição Caracterizada de Juiz Criminal

JUIZ. Suspeição. Exceção. Imparcialidade. Distinção da neutralidade. Preservação da condição de originalidade da cognição que irá o juiz desenvolver na causa. Hipótese de inimizade em relação a ré de processo criminal e oriunda de desentendimento familiar anterior. Situação capaz de gerar séria dúvida sobre a existência de imparcialidade. Perda desta. Caracterização. Ofensa ao devido processo legal. Inteligência dos arts. 101, 112 e 254, I, do Código de Processo Penal. *Situação de inimizade entre juiz e réu de processo criminal que, nascida de desentendimento familiar anterior, é capaz de gerar séria dúvida sobre a existência de imparcialidade, caracteriza suspeição ou incompatibilidade que acarreta ao magistrado dever jurídico de afastar-se da jurisdição. Juiz que seja imparcial de fato, mas não o pareça, não é imparcial.*

1. Consulta

A. O ilustre advogado RTSF dá-nos a honra de consulta sobre a sorte de pendente exceção de suspeição, oposta por sua cliente CMBR à MM juíza VRSF, titular da 9ª Vara Criminal da Subseção Judiciária de Campinas, Estado de São Paulo, nos autos de inquérito policial em que são apurados eventuais delitos imputáveis à excipiente e outros, bem como foram praticados, pela excepta, atos decisórios de quebras de sigilo, busca e apreensão, bem como de prisão da excipiente. Esta argui aquela de suspeita por inimizade capital, caracterizada por ruptura de relações pessoais de iniciativa da excepta, como reação exaltada à recusa da excipiente em recebê--la em casa para discutir incidente grave entre seu caseiro e a filha menor da excepta. Tal suspeita estaria ainda reforçada pelos termos excessivos com que, atestando a perda da imparcialidade, a excepta decretou a prisão provisória da excipiente e do marido, revelando juízo já formado sobre a materialidade e a autoria dos fatos objetos da investigação policial.

2. Dos Fundamentos da Exceção

B. Sustenta, em suma, a excipiente que a excepta perdeu a imparcialidade para, como titular do juízo prevento, continuar a supervisionar o inquérito em que, com outros, entre os quais o marido, é investigada por crime de sonegação fiscal, decidir outras medidas gravosas no seu curso, presidir o processo de eventual ação penal e julgá-la. E, por duas razões básicas concorrentes.

A primeira consistiria no sentimento natural de profunda e perturbadora aversão que se apossou da excepta em relação à excipiente, quando, anos atrás, soube que, na casa, mas na ausência desta, o jardineiro teria molestado sua filha G, colega de escola da filha da excipiente, AC, ambas menores de idade. Transida de justificada revolta, que não amainara às escusas da excipiente, a excepta comunicou-lhe que, com o marido, não menos indignado, se dirigiria de imediato ao condomínio em que a excipiente reside, para dar voz de prisão ao jardineiro. Como era manifesto o risco à integridade física e emocional de todos, inclusive o de imprevisível reação do caseiro, cuidou a excipiente que a portaria não permitisse a entrada da excepta e do marido, evitando encontro que podia descambar para atos incontroláveis de violência. Em contato telefônico ainda no local, mostrou-se possuída de ódio a excepta, que desde aí rompeu relações com a excipiente e bloqueou amizade entre as filhas, revelando **insuperável rancor** que a impede de ter hoje juízo desapaixonado sobre a pessoa e a conduta da excipiente.

Tal quadro de compreensível animosidade, ao qual, segundo a experiência, não faltaria cega predisposição para responsabilizar, pelo traumático infortúnio sofrido pela filha, a título de incúria, a excipiente, sob cuja guarda presumida, na residência, foi aquela deixada pela excepta, foi confirmado pelo teor pouco isento das conclusões que esta antecipou, no exercício da função jurisdicional, no bojo do inquérito, sobre a materialidade e a autoria dos delitos que, eventualmente atribuíveis à excipiente e ao marido, estão ainda sob investigação policial, ao decretar-lhes a ambos a prisão provisória. Esta é a segunda razão articulada como fundamento da *exceptio*, à conta de inimizade capital.

3. Imparcialidade, Jurisdição e Justiça

C. É coisa assente que a *imparcialidade* constitui o substrato do conceito de jurisdição[1] e, como tal, entronca-se nos mais importantes princípios elementares da garantia constitucional do *devido processo legal*. Está desde logo na própria racionalidade do princípio do juiz natural, na medida em que só se concebe ideia de juiz como órgão imparcial, vocacionado a garantir a liberdade do cidadão. Ainda que no quadro de dado processo, a parcialidade desveste o juiz da condição de órgão jurisdicional, cuja definição supõe a imparcialidade.

Assenta-se, ademais, no princípio da *isonomia*, pela razão óbvia de ser a garantia primeira do tratamento processual igualitário das partes, sem o qual não se concretiza o predicado do *contraditório*, visto como ônus de colaboração dos interessados que compõe o método estrutural da reconstituição historiográfica dos fatos relevantes da causa, da revelação do direito incidente e da formação da convicção do juiz, nem se justifica, mais que a instrução probatória, o próprio conjunto das atividades processuais em si, tornado inútil pela preconstituição da sentença na mente do juiz e por sua inerente injustiça como realidade objetiva sem liame com a verdade enquanto ideal regulativo, nem respeito à dignidade dos seus destinatários. Daí ver-se, logo, que a *imparcialidade* é exigência fundante do princípio do *devido processo legal*, entendido como *justo processo da lei*,[2] na medida em que não pode haver processo que, conquanto legal ou oriundo da lei, como deve ser, seja também *justo*, como postula a Constituição da República, sem o caráter *imparcial* da jurisdição. Não há, deveras, como imaginar-se processo jurisdicional – que, como categoria jurídica, tem por pressuposto de validez absoluta a concreta realização da promessa constitucional de ser justo ou devido por justiça (*due process*) -,[3] sem o atributo da *imparcialidade*

---

[1] "*Che il processo sia esclusivamente giuridizione significa che in ogni momento deve conformarsi all'essenza del giurisdire che consiste nella imparziale od equidistante considerazione degli interessi delle parti... Ormai sappiamo che la causa di questa equidistante considerazione degli interessi delle parti o, come anche si dice, di questa* **par condicio** *di esse nel processo non può essere che il riflesso dell'esercizio della giurisdizione consistente nella imparzialità ed è dunque chiaro che la processualità del rapporto consiste nella giurisdizionalità.*" (**TAORMINA**, **Carlo**. *Giudice naturale e processo penale*. Roma: Bulzoni, 1972, pp. 214 e 215).

[2] Tal como, hoje, reza a Constituição italiana, no art. 111: "*La giurisdizione si attua mediante* **il** **giusto processo regolato dalla legge**". Grifos nossos.

[3] O termo "*due*", na conhecida expressão da 5ª Emenda da Constituição norte-americana (*due process of law*), não pode corretamente traduzir-se por "regular" e, muito menos, por "legal"

da jurisdição. Processo justo é o estruturado instrumentalmente para levar a uma decisão justa, cujo critério de justiça seja referível ao direito substancial e cuja verificação empírica da *fattispecie* constitua condição necessária para justificação racional da decisão. Nada disso é possível onde não há *imparcialidade*.

D. Mas a *imparcialidade*, sabe-se, não se confunde com neutralidade, em dois precisos sentidos. Nenhum juiz é capaz de livrar-se dos valores e das opiniões pessoais que, frutos de sua cultura, lhe pesam sobre a estima dos eventos da vida cotidiana. Mas a imparcialidade está apenas no compromisso de só descobrir a verdade de acordo com os métodos jurídico-processuais. E, doutro lado, não implica indiferença às decisões normativas que o conteúdo das leis traduz na solução do conflito teórico dos interesses considerados, pois o dever do juiz é de dar decidida razão a quem a tenha segundo o valor tutelado na norma que incida.[4]

E. Pode dizer-se, em esforço de síntese e sem grande risco de erro, que *imparcialidade* é a preservação da condição de *originalidade* da cognição que irá o juiz desenvolver na causa, no sentido de que, antes da audiência das partes e da produção da prova, não haja ainda, de modo consciente ou inconsciente, formado nenhuma convicção ou juízo prévio irremovível, no mesmo, em outro processo, ou antes de algum processo, sobre os fatos por apurar, a responsabilidade de uma das partes, ou a sorte jurídica da lide, assim por força de vínculos materiais ou psicológicos juridicamente relevantes entre ele e qualquer dos interessados jurídicos na

---

(que é ideia já retratada pelo adjunto *"of law"* e, como tal, seria redundante na tradução e infiel ao original), porque *"è un appello fiducioso alla coscienza dell'uomo, ad una giustizia superiore fondata sulla natura e sulla ragione... termine 'giusto' l'único che possa rendere con efficacia il contenuto etico del termine 'due'"* (**Vigoriti**, **Vincenzo**. *Garanzie costituzionale del processo civile*. Milano: A. Giuffrè, 1973. p. 30, nota 12). Aludir-se a *"justo processo da lei"* é o que mais bem evoca a ideia de que, para atender à exigência constitucional (art. 5º, inc. LV), não basta seja **legal o processo**, pois que também deve ser **justo**. Sobre o ponto, veja-se também nosso voto, como Relator, no **AI nº 431.264 – AgR-AgR** (*In*: LEX – JSTF, n° 349).

[4] Nesse sentido, já tivemos ocasião de observar: *"... toda norma jurídica, como regra de comportamento, é uma escolha axiológica que o legislador faz perante o conflito típico de interesses: se há ação danosa e culposa, manda a lei que protejais o lesado, não o ofensor (art. 159 do Código Civil); se não há prova de todos os elementos do crime, manda que absolvais o réu, a quem presume inocente (art. 5º, LVII, da Constituição da República). Este é o método com que opera o ordenamento jurídico na realização do projeto histórico de convivência ética."* (**Peluso**, **Antonio Cezar**. *Duas palavras aos novos juízes*. Discurso de posse dos aprovados no 164º Concurso de Ingresso da Magistratura paulista, proferido em 28.03.1994. SP: Ed. Apamagis, 1994).

causa, sejam partes desta ou não (*imparcialidade subjetiva*), como por efeito de situações puramente objetivas, capazes, em tese, de comprometer-lhe a isenção (*imparcialidade objetiva*). A perda, provada ou presumida *ex vi legis*, daquela condição de *originalidade*, torna o juiz **incompatível** com o exercício legítimo da função jurisdicional.[5]

F. Tal *incompatibilidade*, enquanto visão de sua face negativa, tende a realçar aspectos conceituais cuja falta desqualifica a imparcialidade e interdita o juiz de conduzir o processo e de julgar a causa, seja a título de *impedimento, suspeição*, ou de *incompatibilidade* em senso estrito. Da consideração sistemática de todas estas hipóteses legais, preordenadas a garantir a justiça da sentença, a segurança dos jurisdicionados e o prestígio social da jurisdição, vertem algumas conclusões de relevo para o caso da consulta.

A primeira, posto questionada por alguns, está em que é direito do público não ter dúvida fundada sobre a imparcialidade da jurisdição, cujo acesso é uma das mais conspícuas garantias individuais. Mera incerteza justificável a respeito já lhe debilita a eficácia prática. A segunda, que é direito subjetivo, indiscutível, da parte, em todo processo, **sobremodo no criminal**, não estar submetido a risco de decisão em que não seja julgado com imparcialidade. A certeza de que não está o juiz, na gênese do convencimento, sobre a isenção devida, exposto a influência perturbadora e seriamente danosa de fatos externos ao teor da lide e ao sentido da prova colhida, é requisito necessário da *justiça do processo*, objeto da garantia constitucional. "*The parties to the proceedings must be justified on having full confidence that the members of the tribunal will decide the case exclusively on the basis of their reasonable assessment of the evidence and the application of the law.*"[6] Mais que do respeito do povo, deve o juiz gozar da confiança dos jurisdicionados, que não tenham, nem receiem ter um juiz inimigo ou doutro modo não imparcial.[7] Tal a perceptível e boa razão por que não pode nenhum juiz,

---

[5] Incompatibilidade (*incompatibilità*) é, aliás, a tradicional denominação que a lei e a doutrina italianas reservam às posições pessoais do magistrado que, a respeito da matéria do juízo, podem comprometer-lhe a imparcialidade pressuposta ao exercício legítimo da jurisdição, como advertia CARNELUTTI (*Principi del processo penale*. Napoli: Morano, 1960, p. 73, nº 55.)

[6] SCHMIDT, Eberhard, *apud* TRESCHSEL, Stefan. *Human rights in criminal proceedings*. NY: Oxford University Press, 2005, p. 61.

[7] FERRAJOLI, Luigi. *Diritto e ragione*. 8ª ed. Roma: Editori Laterza, 2004, p. 595. *Idem*, BECCARIA. *Dei delitti e delle pene*. Milano: Fabri Editori, 2001, p. 93, § XVII.

para defender-se da suspeita de haver perdido a imparcialidade, dar azo a qualquer dúvida sobre ela,[8] pois *"A judge who in fact is perfectly impartial but does not seem so, is not impartial."*[9]

4. Da qualificação jurídica dos fatos narrados

G. Supondo-se sejam verdadeiros, em substância, os fatos narrados na exceção (*si facta vera sint*), o caso é de suspeição típica.

E é-o, porque, sob essa condição hipotética, cai sob a disposição do art. 254, inc. I, do Código de Processo Penal, em aparecendo a excepta como *inimiga capital* da excipiente à vista da presunção, sustentável por regra de experiência (*id quod plerumque accidit*), de ainda manter, em relação a essa, que tinha então a guarda situacional da criança, forte animosidade que, resultante da natural indignação do atentado contra a inocência da filha, turva o espírito do julgador, subtraindo-lhe a isenção sobremodo necessária à justa direção e decisão de processo criminal. E, como já acentuamos, escusa até seja provada essa incontida predisposição psicológica, bastando que o seja o mero quadro objetivo dos fatos narrados, o qual põe sob **séria dúvida** a existência de *imparcialidade* da excepta. Por que escape de tal suspeita, mais que suficiente para gerar incompatibilidade com o exercício legítimo da função jurisdicional, é mister que a excepta prove ter excepcional estrutura psíquica e sobranceria, que não se encontra, porém, aos termos ásperos com que decretou a prisão provisória da excipiente e do marido, embora de per si inábeis para tipificar suspeição!

E, neste passo, convém ponderar que, na intelecção da causa prevista no art. 254, inc. I, do Código de Processo Penal, a *inimizade* não precisa ser *capital*, como parece sugerir o texto ao pressupor inimizade que, não sendo tão profunda, não mutilaria a imparcialidade do juiz. Os substantivos *inimigo* e *inimizade* (< *inimicus, i*, e *inimicitia, ae*) denotam, sem discrepância com os étimos,[10] ideia de ódio, indisposição, aversão, hostilidade, malquerença, oposição, etc., sentimentos todos inconciliáveis com o estado de espírito imanente à imparcialidade. Noutras palavras, para configurar-

---

[8] **Figueiredo Dias**, Jorge de. *Direito processual penal.* 1ª ed., reimp.. Coimbra: Coimbra Ed., 2004, p. 315.

[9] **Treschsel**, Stefan. *Op. cit.*, p. 63. Grifos do original.

[10] Em latim, ao lado do adjetivo, guardam sentido de ódio, aborrecimento, aversão (*inimicitias habere, gerere, deponere*), situação de guerra e, em Juvencus (poeta cristão), até demônio (inimigo das almas).

-lhe suspeição, não precisa seja o juiz inimigo capital de qualquer das partes, *basta que seja inimigo*!

H. De todo modo, se, *ad argumentandum*, não coubesse em leitura estreita do art. 254, inc. I, o caso resvalaria, sob a mesma hipótese, na *fattispecie* residual do art. 112 do Código de Processo Penal, que prevê causa genérica de dever jurídico de abstenção do juiz, quando, por fatos não redutíveis a figura de impedimento ou suspeição, se revele situação de *incompatibilidade em senso estrito*. Sua racionalidade normativa vem da percepção intuitiva da ocorrência doutras imprevisíveis situações factuais, próprias da rica experiência humana, nas quais o magistrado perde a condição de imparcialidade e, por consequência, deve afastar-se ou ser afastado, de igual modo, do exercício da jurisdição.[11] É o que, por outra via, se aplica ao caso, desde que se comprove a circunstanciada e grave desavença entre excepta e excipiente.

Nada sofre a ordem jurídica, se outro juiz assume a causa, mas perde muito em justiça e credibilidade, se se não afasta juiz suspeito ou cuja imparcialidade é posta em séria dúvida.

6. Conclusão

I. Do exposto, estamos em que, se provados, em substância, os fatos alegados na exceção de suspeição, deve essa ser **acolhida** para afastar, do inquérito e de eventual processo, a excepta, pronunciando-se a **nulidade absoluta** de todos os atos decisórios por ela praticados até aí (art. 101 do Código de Processo Penal).

É o que, salvo melhor juízo, nos parece.

Brasília, 8 de novembro de 2017.

---

[11] Sobre a matéria, cf., por todos, **OLIVEIRA**, Eugênio Pacelli de; **FISCHER**, Douglas. *Comentários ao código de processo penal.* 1ª ed., 2ª tir. RJ: Ed. Lumen Juris, 2010, pp. 249-250 e 477-478, nº 252.3.

2
Colaboração Premiada, sem Acordo com a Autoridade Policial e o MP

COLABORAÇÃO PREMIADA. Instituto destinado, em substância, a orientar a colheita ou produção, não a servir de meio de prova. Sujeição ao controle jurisdicional. Prestação frutífera perante o juiz ou por este reconhecida. Direito subjetivo do colaborador a relevação, diminuição ou comutação de pena. Deferimento do benefício na sentença ou na execução. Dever legal do juiz da causa. Desnecessidade de acordo celebrado com a autoridade policial ou com o Ministério Público. Inteligência da Lei nº 12.850, de 2 de agosto de 2013. *Pode ser realizada colaboração premiada diretamente com o Poder Judiciário, perante o juiz da causa, ou por este reconhecida a declarações que, prestadas ao juízo ou a órgão administrativo, tenham sido determinantes para a colheita das provas de infração ou infrações penais, ou consecução doutros resultados previstos na lei, de modo que, em tais hipóteses, deve, na sentença ou, sendo-lhe superveniente a colaboração prestada, na própria execução, conceder ao réu colaborador os benefícios decorrentes da colaboração não precedida de acordo celebrado com a autoridade policial ou com o Ministério Público.*

1. Consulta

A. O ilustre advogado JLOL dá-nos a honra de consulta sobre a possibilidade de, nos termos e no âmbito da Lei nº 12.850, de 2 de agosto de 2013, ser realizada colaboração premiada diretamente com o Poder Judiciário, e este aplicar os benefícios decorrentes de colaboração não precedida de acordo celebrado com a autoridade policial ou com o Ministério Público.

2. Breve Introdução ao Tema

B. Sem descer a profundo exame arqueológico do instituto, que deita raízes em costumes e normas antiquíssimos, convém apenas lembrar que a colaboração premiada, da qual a delação é espécie, não obstante já prevista de modo pontual em várias leis, entre nós foi objeto de disciplina genérica na vigente Lei nº 12.850, de 2 de agosto de 2013, que não esconde inspiração próxima do direito italiano, no qual, em resposta a conhecido surto endêmico de criminalidade organizada, foi introduzida pela *Legge 82*, de 15 de março de 1991, em que se converteu o *DL 8*, de 15 de janeiro desse mesmo ano. Não surpreende, pois, que sua racionalidade normativa guarde os traços dessa legislação, ditada pela necessidade de conhecer a intimidade impenetrável das organizações criminosas mediante colaboração incentivada de membros arrependidos, bem como de proteger os colaboradores e suas famílias contra as reações punitivas dos delinquentes prejudicados. Daí, por via de estímulos figurados em *direitos subjetivos* ao investigado ou acusado que se disponha a colaborar, estruturar-se como meio de investigação, obtenção de provas e prevenção de infrações penais das associações que a lei define como organizações criminosas, além de recuperação dos seus produtos e de resgate de suas vítimas.

3. Do Perfil Relevante do Instituto

C. A colaboração premiada, que pode implicar, ou não, delação ou chamada de coautores ou cúmplices, não é, dentre seus objetivos práticos, *meio* ou *fonte de prova*, entendida esta expressão no uso corrente designativo de instrumento hábil para formular e justificar uma decisão judicial, racional e cognitivamente fundada na veracidade ou falsidade das proposições relativas aos fatos relevantes da causa, ou, em palavras descongestionadas, meio retórico lícito, destinado a formar *a convicção do juiz* sobre a validade das proposições factuais deduzidas e impugnadas no processo. É que, sob o aspecto de mero roteiro para colheita ou produção de provas, não se preordena a convencer o juiz, mas apenas a orientar a autoridade policial na investigação ou o representante do Ministério Público na obtenção das provas, cujo ônus lhe pesa com exclusividade no processo criminal. Esta limitação retórica, que a própria lei assenta (arts. 3º, *caput* e inc. I, e 4º, § 16), tem fundamento analógico no alcance da confissão,[1] mas não lhe des-

---

[1] É, a respeito, aturada a jurisprudência do STF em não reconhecer à *confissão* ou *chamada de corréu* o valor de prova, porque não configura testemunho, nem se assujeita ao contraditório,

caracteriza o vínculo funcional com o papel do juiz na condição de *diretor do processo, guardião das garantias constitucionais* e *destinatário último das provas*. É este vínculo que explica os amplos poderes de que dispõe o juiz no controle da validez e da eficácia da colaboração (art. 4º, §§ 6º, 7º, 8º e 11).

D. O cerne do instituto está na idoneidade, que, observados os requisitos legais, tenham as declarações de ciência do colaborador, para lograr um ou mais resultados práticos perseguidos pela lei (art. 4º, *caput*, incs. I a V). Tal idoneidade, que é de ordem jurídica, não depende só da capacidade empírica das informações para produzirem qualquer desses resultados (*eficácia* ou *relevância*), mas pressupõe que, como ato jurígeno, decorra da vontade esclarecida do agente, enquanto livre de toda espécie de erro, de coação ou de outro vício que a torne inexistente ou defeituosa (*voluntariedade*), posto dispense iniciativa própria (*espontaneidade*).

E. Produzindo-se, em consequência da observância conjunta de ambos esses requisitos (*relevância* e *voluntariedade*), os quais compõem o *suporte fático* abstrato de intuitiva norma jurídica emergente de alguns textos, um ou mais dos resultados a que tendem a declaração ou declarações do colaborador, atingindo o alvo prático do instituto, nascem *ipso facto* ao agente dois conspícuos **direitos subjetivos.** O primeiro, de interesse direto a esta consulta, o de, na sentença, dependendo da personalidade do colaborador, da natureza, das circunstâncias, da gravidade e da repercussão do delito, e da eficácia da colaboração (art. 4º, § 1º), ter eventual pena relevada, *ainda quando tal benefício não tenha sido previsto em acordo* (art. 4º, § 2º), o que é muito para notar desde logo, ou de, sendo aquela privativa de liberdade, tê-la reduzida ou substituída (art. 4º, *caput*). O segundo, que é mais conjunto de direitos, está em usufruir de medidas de proteção pessoal e familiar, bem como doutras vantagens específicas (art. 5º). A outorga desses direitos é que, como estratégia normativa, configura o incentivo e a contrapartida estatais à colaboração, a qual diz-se, por isso, ***premiada.***

na medida em que as declarações do confitente – **assim como as do colaborador** – não são questionáveis, no ato, pelas partes, sobretudo por aqueles a quem delata. Observe-se, porém, que não há como confundir *confissão*, que é mero reconhecimento de atos próprios desfavoráveis, e *colaboração*: só esta, mais ampla nos objetivos e no alcance legais, é premiada, ou, antes, (valendo-se de termo da lei) premiável.

4. Do Direito Subjetivo do Colaborador em Relação à Pena

F. Não há quem, na posse das faculdades do entendimento, negue o caráter de **direito subjetivo** do colaborador a obter, da jurisdição, ponderados aqueles elementos de juízo prudencial (*personalidade do agente, qualificações do delito e valor do resultado da colaboração*), relevação (*a*), diminuição (*b*) ou comutação da pena (*c*), que o Poder Judiciário lhe não pode negar, uma vez coexistentes os requisitos já referidos (*eficácia* e *voluntariedade*), integrantes do *suporte fático* da norma, ao qual se liga, como efeito jurídico consequente, o **dever judicial** de conceder uma dessas vantagens (*a, b* ou *c*).

É que a previsão legal dessas vantagens, em relação às quais o poder discricionário do juiz recai apenas na escolha forçosa daquela que na sentença lhe venha a ser indicada pelo juízo fundamentado de ponderação, não envolve *arbítrio judicial* de conceder ou deixar de conceder qualquer uma delas, presentes todos os requisitos normativos que a condicionam. Encerra, antes, típico **dever jurídico** da autoridade judiciária, desencadeado, no quadro da representação dinâmica da experiência jurídica, pelo fenômeno intelectual ou ideológico da **incidência**, não raro esquecida na interpretação.

Mas é oportuno reavivar, ainda que de modo simplificado, que toda regra jurídica é expressa em proposição na qual se enuncia que, ocorrendo, no mundo físico ou natural, o fato ou conjunto de fatos aí descritos (o que compreende fatos *stricto sensu* e atos *lato sensu*), então surge como consequência *automática*, no mundo jurídico, o efeito ou efeitos jurídicos que, previstos na mesma proposição, guardam sempre implicações no plano do relacionamento intersubjetivo. Do ângulo lógico-formal, toda regra jurídica consiste em proposição composta, de cunho hipotético, dotada da seguinte estrutura: "*Se F, então EJ*", onde "*F*" é o fato ou conjunto de fatos descritos na regra, e "*EJ*", o efeito ou efeitos jurídicos nela predefinidos.

O primeiro membro da proposição, que descreve o fato ou fatos típicos, costuma dizer-se, usando linguagem mecanicista ou geométrica, *suporte fático*,[2] porque à eventual correspondência ou contato ideológico entre o fato descrito na regra em termos de tipicidade e o fato ou ato que se realize historicamente como evento do mundo físico, se dá o nome de *incidência*,[3] segundo a metáfora de que, em tal hipótese, a regra jurídica incide sobre o

---

[2] São-lhe sinônimos usuais, entre os juristas, as expressões vernáculas *hipótese de incidência* e *tipo* (em matéria penal), e as estrangeiras *tatbestand* (em matéria penal) e *fattispecie*.

[3] *A incidência*, como se percebe, é fenômeno do mundo jurídico e por isso dá-se no *plano do pensamento*, não no da realidade física, daí ser sempre necessária ou inevitável. E, para exprimir

fato histórico, tornando-o jurídico. E o segundo membro prevê o efeito ou efeitos jurídicos que, consistindo em *dever*, do qual *direito subjetivo* é reflexo conceitual,[4] são atribuídos ao respectivo fato ou fatos jurídicos.

Aplicadas tais noções ao caso, avulta, logo, que, verificados, no mundo físico, os requisitos legais figurados na prática de ato ou atos de colaboração livre (*voluntária*) e eficaz (*produtora de resultado previsto*), bem como na ponderação dos fatores subjetivos e objetivos da escolha discricionária quanto à pena (*personalidade do colaborador, qualificações do delito e valor do resultado da colaboração*), e a cuja coexistência, como condições necessárias e suficientes (*suporte fático* concreto), a norma jurídica atribui consequência de relevo sobre eventual pena aplicável, então surge, para o juiz da causa penal, **dever jurídico** de relevar (**a**), reduzir (**b**), ou substituir (**c**) tal pena, e, para o réu colaborador, o correspondente **direito subjetivo**,[5] independente doutra exigência. Isto significa, numa síntese, que ao juiz não sobra alternativa, senão que lhe toca apenas apurar a coexistência concreta daqueles dados factuais condicionantes e, reconhecida, cumprir o dever legal de decidir se releva, diminui ou comuta a pena, satisfazendo o direito subjetivo do réu colaborador. Não tem poder para o denegar ou preterir.[6]

5. Da Desnecessidade de Acordo

G. A existência de acordo de colaboração, firmado com a autoridade policial[7] ou com o Ministério Público (art. 4º, §§ 6º e 7º), não é elementar do

---

o mesmo conceito do ângulo da correspondência entre o fato histórico e o fato típico descrito na regra jurídica, e já não do ponto de vista desta sobre esse, usa-se também a palavra *subsunção*.

[4] Sobre a prioridade lógica do **dever** ou da **obrigação** sobre as demais figuras de qualificação jurídica (como, p. ex., direito subjetivo, etc.), cf. **CAMMARATA, Angelo Ermano**. *Formalismo e sapere giuridico – studi*. Milano: A. Giuffré, 1963, pp. 396 e segs., nº 15. Da condição do **dever** como efeito jurídico, em particular na previsão dos comportamentos qualificados do juiz no processo penal, cf. **CORDERO, Franco**. *Le situazione soggettive nel processo penale*. Torino: Giappichelli, 1957, pp. 64 e segs..

[5] Como se vê e prova, caracteriza-se aqui, em plenitude, a qualificação de **direito subjetivo**, definido, em poucas palavras, como "*a vantagem que veio a alguém, com a incidência da regra jurídica em algum suporte fáctico*" (**MIRANDA, Pontes de**. *Tratado das ações*. SP: RT, 1970, t. I, pp. 29-30).

[6] *Mutatis mutandis*, o raciocínio aplica-se, na totalidade, à hipótese de colaboração superveniente à sentença transitada em julgado (art. 4º, § 5º).

[7] Questiona-se, em pendente ação direta de inconstitucionalidade, a legitimação da autoridade policial para, no inquérito, entabular, concluir e firmar acordo com o investigado e o defensor, ouvido sempre o representante do Ministério Público (art. 4º, § 6º). Mas, *data venia*, a nosso sentir, sem razão, seja porque, em nada interferindo tal admissibilidade nos poderes

suporte fático da norma que, como efeitos jurídicos, impõe ao juiz o *dever* de, quando presentes os requisitos legais já capitulados, conceder um daqueles três benefícios (*a, b* ou *c*) em relação à pena aplicável em princípio, e ao qual corresponde, do ângulo do colaborador beneficiário, reflexivamente, a figura de *direito subjetivo*. A lei não subordina a produção de tais efeitos à existência de acordo, nem tinha razões para fazê-lo. Numa palavra, acordo não é necessário à validez e à eficácia jurídica da colaboração, a qual pode, mediante iniciativa do réu, ser formalizada já diretamente perante o juízo (*espontânea*), ou, quando as declarações que lhe prestou com esse intuito tenham conduzido a revelação de prova da infração ou das infrações penais, ou ainda de outro importante resultado previsto na lei, ser reconhecida pelo mesmo juízo, cuja sentença, em ambos os casos, terá de, à vista do cumprimento das demais condições legais, deferir o benefício que seja devido.

H. Essa conclusão pressupõe, é óbvio, que a colaboração direta pode dar-se em qualquer fase da persecução penal (art. 3º, inc. I) e, pois, assim no inquérito, como antes ou depois de recebida a denúncia, a qual pode até nem ser apresentada (art. 4º, § 4º, incs. I e II).

E nos seus desdobramentos lógicos está que, se as declarações prestadas perante o juízo antes da denúncia, a título de colaboração direta, implicarem, como de ordinário sucede nos casos de acordo formalizado, revelação de outros atos ilícitos, atribuíveis, ou não, a terceiros, o juiz deverá suspender o processo, se instaurado, e o curso do prazo prescricional (art. 4º, § 3º), remetendo cópia das declarações à autoridade policial para a devida apuração,[8] cujos resultados serão considerados na sentença, se a competência para a ação ou ações penais consequentes a esses novos fatos for do mesmo juízo. Se não o for, os resultados da colaboração serão avaliados

---

do titular da ação penal pública, não se encontra óbice constitucional a que a lei confira, como deveras conferiu, ao delegado de polícia, essa legitimação, que consulta os interesses estatais da investigação penal, como porque, consoante, neste capítulo do parecer entramos a sustentar, a existência de acordo, com quem quer que seja, não é condição absolutamente necessária a ato válido e proveitoso de colaboração, nem, por conseguinte, à gênese dos direitos subjetivos que dela possam advir ao colaborador.

[8] Está claro que, em se tratando de **requisição judicial**, não poderá a autoridade policial – que se tenha oposto a acordo de colaboração – recusar-se a apurar, como atos do ofício, a existência dos ilícitos penais apontados nas declarações espontâneas do colaborador. Confira-se o que, a respeito das limitações dessa autoridade e do representante do Ministério Público, observamos no item nº 10, *infra*, quanto à sorte da colaboração.

pelo juízo competente. O procedimento será idêntico no caso de serem as declarações prestadas após a denúncia.

Esse raciocínio estende-se à hipótese em que, posto sem acordo formal, o réu ou o investigado tenha colaborado com outros órgãos estatais, como CADE, Receita Federal, etc., que tenham atribuição para investigar, apurar e punir, administrativamente, sob aspectos não penais, os ilícitos que, sob outro aspecto, também configurem, simultaneamente, atos criminosos.[9] Há, aí, colaboração que, segundo os resultados, é de **igual valia** para os transparentes propósitos da lei na repressão às organizações criminosas, de modo que a racionalidade normativa ou *ratio iuris* comum não pode conduzir a outra conclusão diante da lacuna dos textos. Seria antieconômico, senão ininteligível, que, aproveitando-se de eficazes declarações do réu, prestadas na esfera extrapenal, o Estado lhe não retribuísse tal colaboração, por interpretação sistemática ou aplicação analógica, com as mesmas vantagens legais que, explicitamente garantidas no âmbito penal, o incentivaram a prestá-las alhures. Daí que o juiz competente para a ação penal derivada dessa colaboração administrativa, prestada sem acordo formal, deve, na sentença, atender ao *direito subjetivo* do réu colaborador, uma vez presentes os demais requisitos da lei. Sendo várias as ações e mais de um juízo competente, qualquer deles deve fazê-lo, quando outro já não o tenha feito.

I. Essas conclusões são avigoradas por outras duas razões decisivas.

A primeira desponta logo à função que desempenha a previsão do acordo na disciplina, aliás deficiente, do instituto. Celebração de acordo não é finalidade imediata, nem mediata da dita colaboração premiada, cujos objetivos são outros e dos quais é tributária. Trata-se apenas de expediente pragmático, nitidamente ordenado a extrair da riqueza teórica dos conhecimentos e das informações que possa o colaborador transmitir sobre as complexas e indevassáveis atividades da organização criminosa, dados capazes de orientar, com fecundidade, as tarefas primárias de investigação e obtenção de provas de infrações penais, bem como de resultados conexos tidos por juridicamente relevantes, todos esses, sim, causa final ou escopo do instituto da colaboração. Daí prestar-se ainda a estipular, no

---

[9] Trata-se do conhecido fenômeno jurídico de que o mesmo fato pode ser qualificado por normas de natureza diversa, com previsão de diversos efeitos jurídicos, e do qual é exemplo escolar o ato que constitui, a um só tempo, ilícito penal, civil e administrativo.

mesmo termo, o programa de atuação do colaborador no desenvolvimento da *persecutio criminis* e as propostas das vantagens correlatas. É, portanto, simples método ou meio privilegiado, **mas não exclusivo**, de consecução dos resultados práticos da colaboração, os quais podem, como é óbvio, alcançados sem acordo.

Não é, decerto, por outra razão que diversas leis anteriores, no contexto de apuração menos dificultosa e punição de outros delitos, cuja prática, não raro, é até própria de membros de quadrilha ou bando, prescindem de referência ou alvitre à mera utilidade de acordo ou recurso semelhante, para concessão judicial de vantagens penais peculiares à concepção da colaboração premiada, a título de *dever* do juiz e *direito subjetivo* do agente colaborador.[10] Nesses casos todos, as vantagens são devidas, com total abstração de negócio prévio[11] com a autoridade policial ou com o Ministério Público. Não há, pois, nem sequer em tese, nexo de necessidade lógico-jurídica **absoluta** entre exigência de acordo formal e os benefícios da contrapartida ao réu colaborador, à gênese de cujos *direitos subjetivos* bastam atos de colaboração e, pelo menos, um dos seus resultados previstos pela lei, **que é o que interessa aos propósitos normativos**.

Se já não fora em si imoral, seria contraditório à justificação utilitarista do instituto, baseado na força persuasiva de promessas legais à prática de ato discutível do ponto de vista ético, que, de um modo ou de outro, alcançados seus altos fins político-criminais, o Estado furtasse ao réu colaborador, à míngua de acordo, as vantagens prometidas! Desacreditaria o instituto, frustrando-lhe todo o alcance prático.

J. Outra boa razão encadeada está em que, se de ato ou atos típicos de colaboração decorra qualquer das consequências estimadas relevantes

---

[10] Cf., *v. g.*, o disposto na **Lei nº 8.072**, de 25 de julho de 1990 (arts. 7º e 8º, § único), na **Lei nº 8.137**, de 27 de dezembro de 1990 (art. 16, § único), na **Lei nº 9.269**, de 2 de abril de 1996 (art. 1º) e na **Lei nº 9.807**, de 13 de julho de 1999 (art. 13).

[11] Costuma a doutrina enxergar, no acordo previsto no art. 4º, §§ 6º e 7º, da Lei nº 12.850, de 2013, a natureza de negócio jurídico processual. Mas essa postura dogmática serve apenas para realçar a convergência de vontades entre o investigado ou acusado, seu defensor e a autoridade policial, ou o representante do Ministério Público, enquanto requisito à validade do acordo, sem com isso autorizar a conclusão, que seria absurda, de constituir **única fonte normativa** dos direitos do colaborador, como, aliás, se tira claro aos termos da provisão constante do art. 4º, § 2º, onde se vê que até *perdão judicial* pode ser concedido, ainda quando não tenha sido convencionado no acordo, ou seja, em hipótese na qual não existe, a rigor, nenhum acordo específico, pois seus termos são, por pressuposto, silentes a respeito!

pela lei como escopos desse instituto de estratégia político-criminal (art. 4º, *caput*, incs. I a V), seria irracional que, à falta de norma explícita ou implícita em sentido contrário, fossem sonegados, contra os princípios, ao réu colaborador, os favores legais consequentes, quando, à conta de fatores que lhe não são imputáveis, como, *v. g.*, **omissão** ou **recusa** do delegado de polícia ou do representante do Ministério Público, sob este ou aqueloutro motivo ou pretexto,[12] haja inexistido ou fracassado tentativa de acordo.

Negar-se aí ao juiz, garante dos direitos individuais e destinatário último das provas, ao qual, como encarnação do poder jurisdicional do Estado, não pode ser subtraída cognição de queixa de lesão ou ameaça a direito,[13] mais que o poder, o *dever jurídico* de assegurar ao réu colaborador o benefício penal que representa a contraprestação normativa que o moveu a dispor-se à prestação da colaboração eficaz, significaria, sobretudo nas duas hipóteses aventadas, atribuir à autoridade policial e ao Ministério Público, que a não têm nenhuma nos temas, competência para decidir da aplicabilidade, graduação ou natureza da pena e, destarte, sobre a sorte mesma da ação penal e a existência de *direito subjetivo* do acusado. Em palavras diretas, castrar o poder jurisdicional!

Seria inconcebível.

6. Conclusões

K. Do exposto, estamos em que, nos termos e no âmbito da Lei nº 12.850, de 2 de agosto de 2013, pode ser realizada *colaboração premiada* diretamente com o Poder Judiciário, perante o juiz da causa, ou por este reconhecida a declarações que, prestadas ao juízo ou a órgão administrativo, tenham sido determinantes para a colheita das provas de infração ou infrações penais, ou consecução doutros resultados previstos na lei, de modo que, em tais hipóteses, deve, na sentença ou, sendo-lhe superveniente a colaboração prestada, na própria execução, conceder ao réu colaborador os benefícios

---

[12] Do ponto de vista da análise empreendida neste parecer, são irrelevantes às conclusões aqui estabelecidas as razões ou motivos, que tenham a autoridade policial ou o representante do Ministério Público, para a omissão ou a recusa de acordo, uma vez que se pressupõe que a colaboração espontânea e direta tenha sido **eficaz**, isto é, produzido um ou mais dos efeitos que a lei prevê.

[13] **Art. 5º, inc. XXXV**, da Constituição da República, onde se consagra a garantia conhecida como da *universalidade* ou *indeclinabilidade da jurisdição*.

decorrentes da colaboração não precedida de acordo celebrado com a autoridade policial ou com o Ministério Público.

É o que, *sub censura*, nos parece.

Brasília, 18 de outubro de 2016.

3
Alcance do Devido Processo Legal e Competência Penal

1. DEVIDO PROCESSO LEGAL. Inteligência histórica dos adjetivos *devido* e *legal*. O consequente significado normativo do princípio. O justo processo da lei. Abrangência. Interpretação do art. 5º, LIV, da CF. *O princípio do devido processo legal deve ser lido como justo processo da lei, na medida em que, instrumento e método de atuação da jurisdição, não pode haver processo que, conquanto **legal** ou oriundo da lei, não seja, ao mesmo tempo, **justo**, como postula a Constituição. Este singular predicado é que o caracteriza como conjunto de inúmeras garantias constitucionais e legais que, elementares de seu perfil normativo, expressam valores éticos e jurídicos, autônomos e instrumentais, cuja síntese define, como critérios de justiça, o devido processo legal.*

2. COMPETÊNCIA PENAL. Prorrogação. Conexão de infrações penais. Cogência das normas. Relação com as garantias constitucionais do juiz natural e da ampla defesa, aplicáveis também na fase de inquérito. Interpretação do art. 5º, LIII, LV e LXI, da CF, e arts. 76, 78, 80 e 82 do CPP. *Aplicáveis também ao inquérito policial, as regras cogentes de prorrogação de competência, em particular as relacionadas ao instituto processual da conexão de infrações penais, podem, dependendo da hipótese, constituir o último passo do processo gradativo de revelação do juiz natural, concebido como certo e imutável, impondo a unidade de cognição, também como exigência da garantia constitucional da ampla defesa.*

3. COMPETÊNCIA PENAL. Crimes conexos de competência federal e estadual. Conexão objetiva e probatória, ou instrumental. Inquérito e processo pendentes em jurisdições diversas. Necessidade de reunião perante o juiz natural, que é, por especialidade, da Justiça Federal. Aplicação do art. 109, IV, da CF, e arts. 76, II e III, e 79 do CPP. Súmula 122

do STJ. *Por outorga legal da naturalidade do juízo, será do órgão da Justiça Federal a competência, assim para o inquérito, como para o processo e julgamento unificados, quando se trate de crimes conexos de competência federal e estadual, diante da especialidade daquela Justiça.*

1. Consulta

A. O ilustre advogado WT dá-nos a honra de consulta sobre a sorte do Agravo Regimental no Conflito de Competência nº xxx.xxx, suscitado pelo seu constituinte GVTG perante o egrégio Superior Tribunal de Justiça, sob fundamento de, por fatos interligados, ocorridos dentro do mesmo contexto histórico e, como tais, indissociáveis do ponto de vista da apuração, estar sendo objeto de investigação em dois inquéritos policiais simultâneos, nas órbitas judiciárias federal e estadual, mas vinculados por manifesta conexão objetiva e instrumental.

2. Resumo dos Fatos Incontroversos

B. GVTG, presidente da Igreja CM, instituição religiosa sediada no Estado do Espírito Santo, está sendo investigado em dois procedimentos criminais: um, iniciado sob a supervisão da Vara de Inquéritos Criminais da comarca de Vitória e hoje distribuído à 8ª Vara Criminal da mesma comarca; outro, iniciado e em curso sob controle da 1ª Vara Federal Criminal da Seção Judiciária do Espírito Santo.

C. Sua origem está em que, no ano de 2012, a direção da Igreja CM tomou conhecimento de que haveria graves irregularidades documentais na sua contabilidade e, por isso, instaurou procedimento interno conduzido por uma comissão, a qual determinou o afastamento do então vice-presidente e de mais três pessoas, à conta de má administração institucional e desvio de recursos. Os fatos também foram examinados por auditoria independente, e, em seguida, a Igreja regularizou sua situação fiscal mediante denúncia espontânea à Receita Federal e à Fazenda do Estado, bem como noticiou os fatos às autoridades competentes para devida apuração e responsabilização dos autores das fraudes.

D. Em consequência, foram instaurados dois procedimentos criminais simultâneos, um no âmbito da Justiça Federal, outro no da Estadual.

Na esfera federal, o Ministério Público, em 08 de fevereiro de 2012, com base em notícias veiculadas na imprensa local, requisitou a instauração de inquérito para apurar esquema de desvio de dinheiro dos cofres da Igreja que configuraria, em tese, crimes de constituição fraudulenta de empresas (art. 299 do Código Penal), evasão de divisas (art. 22 da Lei 7.492/86) e descaminho (art. 334 do Código Penal), *"aos quais se somariam possíveis delitos de estelionato e lavagem de dinheiro, os quais, embora, em princípio, estejam afetos à competência estadual, merecem persecução conjunta, nos estritos termos da súmula 122 do STJ, já que a conexão instrumental se revela cristalina"*.

Com suporte nas mesmas notícias, no dia 07 de fevereiro de 2012, fora já instaurado inquérito policial no âmbito estadual, para apurar crimes contra a fé pública, contra a ordem tributária e de lavagem de dinheiro.

E. No âmbito desses dois inquéritos, apuram-se fatos interdependentes, que se imputariam, na quase totalidade, a investigados comuns (**a**). Em sede de provas, foram, em ambos, requisitados os mesmos documentos (**b**). Assim no juízo federal, como no estadual, foi deferida, para apuração dos fatos interligados, a produção de idênticos meios de prova, como quebra de sigilo fiscal, bancário e telemático, busca e apreensão, inquirição de testemunhas comuns (**c**), além de semelhantes medidas cautelares, como afastamento das funções administrativas e proibição de acesso dos suspeitos à Igreja CM, proibição de se ausentarem do Estado, proibição de contato com as testemunhas e demais investigados, bloqueio de bens e nomeação de administrador judicial (**d**). E foi, ainda, decretado compartilhamento de todas as informações colhidas em ambos os inquéritos, incluídos os dados sigilosos, fiscais e bancários (**e**).

F. À luz de tais elementos, a defesa do constituinte suscitou conflito positivo de competência perante o Superior Tribunal de Justiça, alegando, precisamente, a substancial identidade de objeto de ambos os feitos, donde requereu aplicação do entendimento consolidado na **Súmula 122** daquela egrégia Corte, que, reconhece, em igual hipótese, a competência da Justiça Federal para apurar, processar e julgar os crimes teóricos de que se trata.

G. Por decisão monocrática, negou-se seguimento ao conflito. Dessa r. decisão, a defesa interpôs agravo regimental, ora ainda em tramitação. Nesse ínterim, foi oferecida, na Justiça estadual, denúncia contra o constituinte do consulente, pela suposta prática dos delitos de quadrilha, apropriação indébita e estelionato.

3. Do Devido Processo Legal como Síntese de Garantias

H. O princípio do devido processo legal deve ser lido como *justo processo da lei*,[1] na medida em que, instrumento e método de atuação da jurisdição, não pode haver processo que, conquanto **legal** ou oriundo da lei, não seja, ao mesmo tempo, **justo**, como postula a Constituição da República.[2] Não há, deveras, outro modo de conceber-se a existência de válido processo jurisdicional, que, como categoria jurídica, tem por pressuposto de sua validez absoluta a concreta realização da promessa constitucional de ser **justo** ou **devido por justiça** (*due process*).[3]

Temos, nesse sentido, insistentemente relembrado que o devido processo legal não é apenas o processo regulado pela lei, porque nisso já seria legal. A Constituição exige mais, exige que o processo, além de ser *legal*, seja *devido*. E, evidentemente, não é o ser apenas devido por lei, que é o ser *legal*. Devido, então, a que outro título legitimante? A experiência constitucional norte-americana e, sobretudo, a interpretação desse princípio na história do Direito anglo-saxão, onde se radica, demonstram que a expressão "**due**" - traduzida entre nós por *devido* – sempre compreendeu clara referência a superiores *ideais de justiça*. Noutras palavras, o processo, segundo a Constituição, tem que ser *legal*, mas, ao mesmo tempo, precisa, na sua concreta estruturação normativa, responder às exigências de uma concepção de justiça vigente em dado momento histórico, ou seja, há de ser também *devido por justiça*.[4]

---

[1] Tal como hoje enuncia, com inteira propriedade, a Constituição italiana, no art. 111: "*La giurisdizione si attua mediante **il giusto processo regolato dalla legge***". Grifos nossos.

[2] O termo "*due*", na conhecida expressão da 5ª Emenda da Constituição norte-americana (*due process of law*), não pode corretamente traduzir-se por "regular" e, muito menos, por "legal" (que é ideia já retratada no adjunto "*of law*" e, como tal, seria redundante na tradução), porque "*è un appello fiducioso alla coscienza dell'uomo, ad una giustizia superiore fondata sulla natura e sulla ragione... termine 'giusto' l'único che possa rendere con efficacia il contenuto etico del termine 'due'*" (**VIGORITI**, Vincenzo. *Garanzie costituzionale del processo civile*. Milano: A. Giuffrè, 1973. p. 30, nota 12). Aludir-se a "*justo processo da lei*" é, na verdade, o que mais bem evoca a noção de que, para atender à exigência constitucional (art. 5º, inc. LV), não basta seja **legal** o processo, pois que também deve ser **justo**. Sobre o ponto, vejam-se também votos que, no egrégio STF, proferimos como Relator no **HC nº 94.641** e no **AI nº 431.264 – AgR-AgR** (LEX – JSTF, nº 349), ambos agora insertos em **PELUSO**, **Antonio Cezar**. *Ministro magistrado – decisões de Cezar Peluso no supremo tribunal federal*. São Paulo: Saraiva, 2013, p. 814 e 1282.

[3] Art. 5º, inc. LIV, da Constituição da República.

[4] Cf. *Op. cit.*, p. 974.

Ora, este singular predicado do princípio é que o caracteriza como conjunto de inúmeras garantias constitucionais e legais que, elementares de seu perfil normativo, expressam valores éticos e jurídicos, autônomos e instrumentais, cuja síntese define, como critérios de justiça, o devido processo legal. Dentre essas garantias, relevam ao caso as do **juiz natural** e da **ampla defesa**.[5]

4. A Garantia Constitucional Do Juiz Natural

I. A indiscutível adoção dessa garantia, predestinada, desde a origem histórica, a resguardar, de pressões internas ou externas, outro valor essencial à justiça do processo, a *imparcialidade* do juiz,[6] vem da interpretação conjugada dos incisos LIII e LXI da Constituição da República, que, para efeito da determinação prévia da sua **certeza**, aludem a *autoridade judiciária competente*, sob o pressuposto fundamental de sua **imutabilidade**.[7] Juiz natural é o juiz certo e imutável.

Mas a certeza da autoridade judiciária natural para causa concreta não é dada apenas pelas normas constitucionais de competência, senão que, em larga medida, depende de regras jurídicas subalternas e, em princípio, **anteriores ao fato**, as quais, distribuindo-a de modo abstrato, mediante divisão racional do trabalho, entre os múltiplos órgãos jurisdicionais, segundo sua hierarquia, especialidade e função, operem num processo

---

[5] Para a visão de ambas essas garantias constitucionais do direito brasileiro, num amplo painel da *"nozione di 'giusto processo' – con la sua carica potenziale di **valori etici** e **deontologici**, espressi o inespressi, appartenenti alla cultura ed alle tradizioni internazionali del **fair trial**, del **due process of law** o del **procès équitable** – sia oggi consacrata in un precetto costituzionale a sé stante",* como *"sintese superiore (e, sul piano tecnico, quale 'categoria ordinante') di più valori sottesi ad una ben determinata **ideologia di giustizia"***, cf., por todos, COMOGLIO, **Luigi Paolo**. *Etica e tecnica del 'giusto processo'".* Torino: G. Giappichelli Ed.. **passim**, mas, em especial, p. 212, 274 e 275. Grifos do original.

[6] Cf. TAORMINA, **Carlo**. *Giudice naturale e processo penale*. Roma: Bulzoni Ed., 1972, p. 210-222, nº 21; BADARÓ, **Gustavo Henrique Righi Ivahy**. *A garantia do juiz natural no processo penal: delimitação do conteúdo e análise em face das regras constitucionais e legais de determinação e modificação de competência no direito processual penal brasileiro.* Tese de livre-docência defendida na Faculdade de Direito da Universidade de São Paulo. São Paulo, 2010, p. 34-35.

[7] *"(...) la configurazione del giudice competente come appartanente all'ordine naturale del mondo giuridico, ha anche la funzione di riconoscere a tale entità l'altra caratteristica dell'ordine naturale vero e proprio: cioè l'immutabilità"* (TAORMINA, **Carlo**. *Op. cit.,* p. 224). É que, como acentua o autor, a naturalidade do juiz não pode resolver-se na só pré-constituição, que é incapaz de garanti-la (p. 223-224). A pré-constituição dá apenas a certeza.

de especificação e identificação gradativas. Em uma palavra, a revelação do juiz natural de cada causa depende também da observância das normas infraconstitucionais de determinação, prorrogação e fixação de competência.

J. E, porque se ordenam a dar corpo a uma garantia inerente ao princípio do **devido processo legal**, concebido não apenas como objeto de um dos mais importantes direitos fundamentais, sempre irrenunciáveis, mas também como método e instrumento típico de atuação da jurisdição como função estatal,[8] todas essas normas constitucionais e infraconstitucionais que disciplinam a distribuição da competência são de **natureza cogente**. E são-no *a fortiori* as que governam a competência processual penal, sobretudo quando digam de perto com restrição ao *ius libertatis*.

K. É truísmo que o processo gradativo de individuação do juiz natural da causa obedece a ordem bem definida, a partir da delimitação da chamada *competência de jurisdição*, em cuja sede se indaga a respeito da Justiça competente para processar e julgar o fato. A resposta, aqui, encontra-se na própria Constituição da República, que, nos arts. 108 e 109, estabelece a competência dos tribunais e dos juízes federais, que é a que interessa ao caso.

E, dentre as hipóteses previstas no art. 109, interessa, sobretudo, a que consta do inc. IV, segundo o qual compete aos **juízes federais** processar e julgar as infrações penais praticadas em detrimento de bens, serviços ou interesse da União ou de suas entidades. Determinada tal competência, segue-se a definição sucessiva das competências hierárquica, de foro, de juízo, a interna e, se for o caso, a recursal, até à individualização do juiz natural, **certo** e **imutável**. Esta é a ordem geral.

L. Mas tal ordem pode, em dadas hipóteses, como a desta consulta, ceder a necessidades racionais que submetem o processo de revelação do juiz natural a um último escrutínio de confronto com regras de **prorrogação** de competência, em particular as relacionadas ao instituto processual da **conexão** de infrações penais.

---

[8] Sublinhando este aspecto, diz-se, com certa razão: *"mais do que direito subjetivo da parte e para além do conteúdo individualista dos direitos processuais, o princípio do juiz natural é garantia da própria jurisdição, seu elemento essencial, sua qualificação substancial. Sem o juiz natural, não há função jurisdicional possível"* (**GRINOVER, Ada Pellegrini, FERNANDES, Antonio Scarance** e **GOMES FILHO, Antonio Magalhães**. *As nulidades no processo penal*. 12. ed., São Paulo: Revista dos Tribunais, 2011, p. 41).

A realidade dos fenômenos da vida, sujeitos a averiguação e julgamento pelo sistema de Justiça Criminal, mostra que, entre infrações, pode haver nexos, pontos de afinidade, de contato ou de influência mútua, cuja presença imponha ao ordenamento jurídico a estipulação de um só processo para decisão unitária de todas as imputações. São vários os motivos que o justificam: *"a necessidade de obviar decisões entrechocantes, a preocupação de economia processual pelo aproveitamento dos meios, a conveniência de condensação da prova para melhor elucidação da verdade jurídica, são fundamentos político-processuais que fornecem as diretrizes para a disciplinação da influência que a conexão exerce sobre vários institutos do processo"*.[9]

As hipóteses de **conexão** estão capituladas no art. 76 do Código de Processo Penal, e, configurada qualquer delas, hão de observar-se as dispostas no art. 78, as quais definem a prevalência consequente de competência do órgão judiciário que, ao cabo desta última etapa de revelação, aparecerá, na condição de único, certo e imutável, como o **juiz natural** da causa concreta. Essa atribuição legal de competência a um órgão jurisdicional para o julgamento de infrações conexas produz o mesmo efeito indeclinável daquele que decorre das demais regras do ordenamento.[10] Como corolário, segue-se-lhe a necessária **unidade** de processo e julgamento (art. 80), recognoscível de ofício (art. 82) ou mediante provocação.

E, por outorga legal da naturalidade, será do órgão da **Justiça Federal** a competência para o processo e julgamento unificados, quando se trate, como na espécie, de crimes conexos de competência federal e estadual, porque, diante da especialidade da primeira, não incide a norma do art. 78, inc. II, do Código de Processo Penal (**Súmula 122** do STJ).

5. A Garantia da Ampla Defesa

M. Porque, em substância, concorrem para a definição do juiz natural da causa, além doutras razões, as normas de prorrogação de competência por conexão são todas de **ordem pública**, assim no processo civil,[11] em cujo

---

[9] **XAVIER DE ALBUQUERQUE**, Francisco Manoel. *Aspectos da conexão*, Manaus: Sérgio Cardoso, 1956, p. 21.

[10] Cf. **TAORMINA**, Carlo. *Giudice naturale... op. cit.*, p. 339-340, nº 11, e *Profilo della connessione di procedimenti penali*. **In**: Archivio Penale, Roma, v. 26, fasc. 1/12, jan. dez. 1970, p. 39-66, em especial p. 47. Este parece constituir o fundamento último da orientação sedimentada na **Súmula 704** do STF.

[11] *"O art. 102 do Código de Processo Civil não faculta a prorrogação nos casos que prevê, mas **manda** que ela se efetive mediante a reunião de processos (art. 105). A arguição de conexidade pelas partes não*

âmbito preponderam os interesses disponíveis, e, *a fortiori*, no processo penal,[12] onde está sempre em jogo o direito fundamental da liberdade física do réu, objeto específico de inúmeras garantias que compõem o *due process of law*. Não há, pois, no tema, espaço algum para discricionariedade judicial, aliás incompatível com a noção do juiz natural da causa.

N. Mas sua **cogência**, no processo penal, também deita raízes em outra relevante garantia elementar do justo processo da lei (*due process of law*), pois permitir, discricionariamente, subsistam duas ou mais persecuções penais que deveriam, por força da lei, estar reunidas sob um único processo, significa agravar ao réu, do ângulo dos seus legítimos interesses materiais e imateriais, o ônus, já em si constrangedor, de responder a acusações conexas em juízos diversos, e até o fardo de suportar medidas restritivas de caráter real ou pessoal que um e outro lhe venham a impor ao mesmo tempo, com sério risco de fatal comprometimento da **ampla defesa** assegurada pela Constituição da República (art. 5º, inc. LV)!

E, nisto, escusam largos latins. Mas é o que sucede no caso.

6. Da Incidência das Garantias na Fase de Inquérito

O. O respeito absoluto às garantias constitucionais do **juiz natural** e da **ampla defesa** não se restringe à segunda fase da persecução penal, consubstanciada na ação penal de conhecimento de natureza condenatória, onde haverá produção de prova em contraditório e julgamento da causa.

Conquanto a investigação criminal configure atividade atribuída à Polícia Judiciária, na forma da Lei nº 12.830/2013, no curso do inquérito policial várias providências, sobretudo meios de obtenção de prova[13] e medidas cautelares que comprimem direitos constitucionais, necessitam de prévia autorização judicial que, como tal, somente pode emanar do **juiz legalmente competente**, que deve já estar aí predefinido como juiz natural,

---

depende de **exceção ritual** (arts. 304 ss.) nem está sujeita a **preclusões**. A parte tem a faculdade argui-la a qualquer tempo e o juiz, o dever de reconhecê-la ainda quando a parte não haja feito alegação alguma" (**DINAMARCO**, Cândido Rangel. *Instituições de direito processual civil*. 2ª. ed., São Paulo: Malheiros, 2002, p. 582. Grifos no original).

[12] "*Trata-se de regra **imperativa** e **obrigatória**, e não simplesmente dispositiva. Os preceitos sobre a conexão e a continência **obrigam** o juiz a proceder à unificação dos procedimentos, salvo nos casos e exceções expressamente consignadas*" (**MARQUES**, José Frederico. *Da competência em matéria penal*. São Paulo, Saraiva: 1953, p. 292, § 52, nº 1. Grifos nossos).

[13] Como, p. ex., interceptação telefônica, quebra de sigilo bancário ou fiscal, busca e apreensão etc..

seja para decreto de prisão preventiva, seja para remédio de prisão ilegal, como o estatui a Constituição da República (art. 5º, incs. LXI e LXV), mas sobremodo como juiz supervisor do próprio inquérito, a quem incumbe conhecer e decidir eventuais requerimentos do investigado ou do suspeito, em tutela da liberdade.

São essas as evidentes razões por que a garantia do **juiz natural** atua já na primeira fase da persecução penal,[14] provocando reunião de inquéritos sobre fatos conexos,[15] assim como, nos casos de resguardo do direito de liberdade, a da própria **ampla defesa**.[16] E não por outras tem-se admitido, ainda no curso de inquérito policial, conflito de competência[17] e, reconhecido nulidade de buscas e apreensões[18] e de interceptações telefônicas ordenadas por juiz incompetente.[19]

7. Do Inquérito Policial Federal no Caso

P. Da requisição de instauração do inquérito policial federal consta:

> "Apenas da análise desta breve exposição seria possível extrair indícios da prática de diversos crimes, em tese, sujeitos à competência federal, a saber: constituição fraudulenta de empresas (artigo 299 do Código Penal); evasão de divisas (art. 22 da Lei 7.492/86); descaminho (CPB, art. 334), aos quais se somariam possíveis delitos de estelionato e lavagem de dinheiro, os quais, embora, em princípio, estejam afetos à competência estadual, merecem persecução conjunta, nos estritos termos da súmula 122 do STJ, já que a conexão instrumental se revela cristalina".

E está na portaria que o instaurou:

> "a) Suposto esquema para desvio de dinheiro da ICM por meio de empresas em nome de laranjas (art. 299 do Código Penal);

---

[14] Cf. **Badaró, Gustavo Henrique Righi Ivahy**. *A garantia do juiz natural..., op. cit.*, p. 266.

[15] Foi o que, com honrosa adesão dos eminentes pares, *a contrario sensu* sustentamos no STF, como relator, no julgamento do **HC nº 2.424-RJ**, Plenário, j. 26.11.2008. V. nossa *Op. cit.*, p. 901 *et passim*.

[16] STF, **HC nº 82.354**, 1ª Turma, rel. Min. **Sepúlveda Pertence**, j. 10.08.2004.

[17] STJ, **CC nº 113.359**, Rel. Min. **Marco Aurélio Bellizze**, DJe de 05.06.2013; CC nº **124.890.**, Rel. Min. **Sebastião Reis Júnior**, DJe de 05.03.2013.

[18] STJ, **HC nº 61.271**, Rel. Min. **Arnaldo Esteves Lima**, DJe de 22.09.2008.

[19] STJ, **HC nº 83.632**, Rel. Min. **Jorge Mussi**, DJe de 20.09.2010; **HC nº 148.261**, Rel. Min. **Laurita Vaz**, DJe de 14.08.2012.

b)Evasão de divisas (art. 22 da Lei 7.492/86);

c)E lavagem de dinheiro (art. 1º da Lei 9.613/988, tendo em vista como crime antecedente a evasão de divisas)".

Q. Vê-se nítido, pois, que tal procedimento tem por objeto a apuração de infrações penais tributárias e infrações praticadas contra o sistema financeiro, ou seja, cometidas todas contra bens, serviços e interesses da União. Daí, a clara competência da Justiça Federal (art. 109, inc. IV, da Constituição da República).

8. Do Inquérito e da Causa Penal na Justiça do Estado

R. No plano da Justiça Estadual, o caso principiou por outro inquérito, cuja portaria de instauração consignou:

> "Tendo chegado ao conhecimento desta autoridade, através de matéria veiculada na imprensa local nos dias 05 e 06 do corrente mês e ano, dando conta de um esquema de FRAUDE para desviar recursos provenientes do recolhimento de dízimo, montado na cúpula da ICM, fato veiculado ao processo 024.12002599-4, que tramite em Segredo de Justiça na Oitava Vara Cível de Vitória".

O Juízo estadual, ao analisar pedido de medidas cautelares, afirmou que o feito pretendia identificar os responsáveis de suposta *"organização criminosa especializada e responsável por crimes de estelionato e outras fraudes, bem como crimes contra a fé pública, ordem tributária e lavagem de dinheiro"*. E, depois de longa exposição, a denúncia ali oferecida contra o constituinte do consulente atribuiu-lhe a prática dos delitos de quadrilha ou bando (art. 288 do Código Penal), apropriação indébita (art. 168 do Código Penal) e estelionato (art. 171 do Código Penal).

Abstraídas as circunstâncias dos fatos, poder-se-ia supor fosse da Justiça do Estado a competência para os apurar, processar e julgar. Mas não é. Vejamos.

9. A Conexão Objetiva dos Feitos

S. O art. 76, inc. II, do Código de Processo Penal, tipifica a chamada conexão objetiva, *"quando duas ou mais infrações houverem sido praticadas para facilitar ou ocultar as outras, ou para conseguir impunidade ou vantagem em relação a qualquer delas"*. Na figura transparece a consideração de um sentido intencional na relação objetiva que, de antecedente a consequente, medeia entre os fatos.[20]

No caso, a denúncia formulada contra o constituinte do consulente perante o juízo estadual assevera que os crimes de formação de quadrilha, estelionato, apropriação indébita e duplicata simulada, foram supostamente praticados com a **intenção** de sonegar **tributos federais,** lucrando assim os agentes em dano da União, inclusive mediante lavagem de dinheiro, descaminho e evasão de divisas, que são crimes de competência de Justiça Federal. Confira-se, a respeito, o reconhecimento formal da relação objetiva entre todas as infrações, quando a denúncia, ao imputar o delito de estelionato, cuida, inseparavelmente, de possível descaminho, afirmando que as notas frias serviriam ao propósito de encobrir importação de produtos eletrônicos:

> "**81.** COS, ouvido em janeiro de 2013 (fl. 863/867), membro da ICM residente na Itália, auxiliou a expansão da Igreja na região prestando serviços voluntários de transporte e recepção, facilitando o trânsito e o relacionamento dos pastores que visitaram aquele país. Relatou que a ICM adquiriu um imóvel em Vaprio d'Adda, medindo certa de 9.000m2 (nove mil metros quadrados) com a intenção de construir espaço similar aos Maanains existentes no Brasil, sendo o responsável pela sua administração, como atesta procuração da ICM outorgando-lhe poderes específicos para tal fim anexada ao seu termo (fl. 889). A fim de cumprir seu mister, afirma ter recebido valores da ICM, utilizando-os para cobrir suas despesas com deslocamento/alimentação e para a manutenção do imóvel. C narra, ainda, que, em uma única ocasião, repassou, a mando da ICM, especificamente a mando de G, nove mil Euros em espécie a membro da Comissão Executiva da ICM, especificamente a A A, que, por sua vez, entregou a quantia a R A (responsável por auxiliar a ICM na condição de tradutor, eis que fluente em russo, inglês e português; sócio de A A e A R na empresa EU-BRALAT S.A., sediada na Letônia), a fim de que este auxiliasse irmãos russos.
>
> **82.** WVO, ouvido na sede da Superintendência da Polícia Federal, em Vila Velha/ES, no dia 05 de março de 2013 (fls. 34/42 – Anexo XI) explicou como era feita a aquisição de equipamentos, tais como rádio, computadores,

---

[20] **MARQUES**, José Frederico. *Da competência..., op. cit.,* p. 289. **FRANCO CORDERO** alude a "*imputazioni attinenti a reati finalisticamente conessi, perché gli miravano a 'eseguire od occultare gli altri'*" (*Procedura penale.* 7ª ed. Milano: Giuffrè, 2003, p. 148)

notebooks, monitores de TV, projetores comuns e de alta resolução por patê da ICM. Disse que os Membros da Comissão Executiva, em uma viagem ao Sul do País, conheceram um indivíduo de nome JCV que, posteriormente, ficou responsável por vender tais equipamentos à ICM.

83.A trama funcionava da seguinte forma: quando JCV chegava com os equipamentos, alguns denunciados, tais como, AA, WR e MM pediam para que WVO encontrasse uma forma para pagar JC. Assim, como JC não possuía nota fiscal, uma vez que os equipamentos eram adquiridos no Paraguai, W buscava junto a outros fornecedores da ICM, notas fiscais que, na verdade, não representavam efetiva prestação de serviço ou fornecimento de produto, para justificar a saída de dinheiro do Presbitério e assim remunerar JC.

84. WVO citou os nomes dos proprietários das empresas usadas para emitir as mencionadas **notas fiscais 'frias', que tinham o único propósito de cobrir as aquisições dos equipamentos fornecidos a JCV, que, na verdade, e em tese, atuava no descaminho de produtos provenientes do Paraguai**, quais sejam: WN, PPCS, RM e JDF".[21]

T. Ainda no tópico destinado à narrativa do delito de estelionato, a denúncia releva, textualmente, a prática de evasão de divisas, mostrando que as notas frias se destinariam também à aquisição de moeda estrangeira utilizada em viagens ao exterior ou pagamento de tratamentos fora do país:

"**88**. Ao final de seu depoimento [depoimento de WN], narrou que em uma oportunidade, ainda no ano de 2007 ou 2008, trocou Real por Dólar (o equivalente a U$13.000,00 – treze mil dólares) a pedido de AA, sendo que esse dinheiro foi obtido mediante a emissão de nota fiscal da empresa de WN, sem a efetiva prestação de serviço, e usado em uma viagem ao exterior da Comissão Executiva.

89. Em depoimento prestado perante a Polícia Federal (fls. 62/76 do Anexo XI), MLM confirmou que de fato existia a emissão de notas fiscais por parte de fornecedores sem a efetiva prestação de serviço ou sem a entrega efetiva do bem para ajudar 'irmãos' nacionais ou estrangeiros 'necessitados'. Ainda segundo M, tudo era feito por ordem direta, na maioria dos casos, de AA, recordando-se que, em uma oportunidade, WR determinou ao setor com-

---

[21] Grifos todos nossos.

petente a realização de pagamento por serviço não prestado, a fim de gerar recursos para cirurgia odontológica voltada à recuperação de dentes de dois 'irmãos' africanos.

[...]

134. DP (fls. 245/248), consoante já ressaltado, afirma que emitia notas fiscais sem lastro e correspondência com qualquer serviço prestado ou entrega de mercadoria a pedido dos denunciados AA e JDF (fls. 246), sob o argumento de que necessitavam justificar pagamentos e saídas de caixa do Presbitério para, com o dinheiro, comprar dólares para viagens de russos e outras viagens corriqueiras para o exterior."

Ou seja, boa parte dos valores desviados a título de despesas ilícitas da Igreja o teria sido para compra de moeda estrangeira e subsequente remessa clandestina ao exterior.

U. Mais adiante, no mesmo tópico, a denúncia cuida também da finalidade da fraude, que caracteriza, na verdade, possível crime contra a ordem tributária, em razão das isenções e imunidades asseguradas aos templos:

"**138.** [...] WX atesta, ainda, que em diversas oportunidades a Comissão Executiva deliberava empreendimentos que geravam lucros para a ICM, não obstante ser a entidade religiosa e sem fins lucrativos. A título de exemplo desses empreendimentos, citou: a venda de coletâneas de hinos musicais em livros impressos pelo *dobro do preço de custo*; a aquisição de um imóvel anteriormente destinado ao antigo Serra Bela Clube, em Valparaíso, na Serra, adquirido e alienado com especulação imobiliária e a aquisição de um prédio cujo obra está paralisada na Praia da Costa, também sem motivação vinculada aos objetivos estatutários da ICM".

E, noutro trecho:

"Entretanto, as investigações revelaram e a própria Igreja confirmou, através de documentos encaminhados após requisição Ministerial, constantes do Anexo IX, pagamentos efetuados a diversas pessoas físicas (naturais) membros da ICM e jurídicas *vinculadas* direta ou indiretamente aos denunciados, num montante de R$24.823.688,19 (vinte e quatro milhões oitocentos e vinte e três mil seiscentos e oitenta e oito reais e dezenove centavos)".

V. Pouco antes, ainda ao narrar o delito de estelionato, cuida, especificamente, de lavagem de dinheiro:

"**137.** [LAA] relata que o vice-presidente da ICM, AA, recebia procurações de ATCM, pastor da ICM e ex-Secretário de Meio Ambiente da Prefeitura de Vitória (cargo ocupado até fim do primeiro mandato do ex-Prefeito JC), para comprar e vender imóveis em nome deste visando fragmentar suas posses sem chamar atenção do fisco e das autoridades em geral".

W. Todas essas infrações, destinadas a lesar o **Fisco federal**, seriam, aliás, antecedentes da própria lavagem de dinheiro, cuja inter-relação constitui o mais clássico e escolar exemplo de **conexão objetiva**. Afinal, sabe-se que a lavagem consiste, precisamente, no ato ou atos praticados com o fim de mascarar a natureza, origem, localização, disposição, movimentação ou propriedade de bens, valores e direitos de origem criminosa, com o escopo de os inserir na economia formal com aparência de licitude.

X. Com a alteração promovida pela Lei nº 12.683/2012, o art. 2º, inc. II, da Lei nº 9.613/98, passou a ter a seguinte redação: "*independem do processo e julgamento das infrações penais antecedentes, ainda que praticados em outro país, cabendo ao juiz competente para os crimes previstos nesta Lei a decisão sobre a unidade de processo e julgamento*". Esta cláusula final deixa claro que a independência processual entre a infração antecedente e o crime de lavagem de dinheiro não impede a aplicação das regras processuais relativas à **conexão**, nem, portanto, a formação de um **único processo** para as duas infrações.

Ao propósito, cuidadosa doutrina salienta que, "*em muitos casos, mais do que possibilidade, haverá grande utilidade em tal reunião, na medida em que, em certos casos concretos, somente por meio do processamento conjunto da infração penal antecedente e do crime de lavagem de dinheiro é que se poderá ter um completo e perfeito acertamento dos fatos, inviável em processos separados que possibilitarão apenas visões fracionárias e parciais. A conexão, além de importante mecanismo de economia processual e instrumento para evitar decisões conflitantes, tem um relevantíssimo papel heurístico. Se a conexão implica um nexo entre as infrações penais, a formação do **simultaneus processus** permite uma reconstrução unitária dos fatos, dando ao julgador uma visão completa do acontecimento criminoso, com a compreensão e análise de toda sua extensão. Assim, além de regramento de competência,* *a conexão e a continência têm, também, finalidade epistemológica, de 'completude do acertamento da verdade'".*[22]

E, mais: *"além de um interesse defensivo, de permitir um melhor exercício do contraditório e da ampla defesa, há também um interesse público, na aplicação das regras de conexão e continência, visando uma melhor qualidade da prestação jurisdicional, em razão da ampliação dos horizontes de cognição judicial pelo conhecimento das provas e alegações tanto sobre a lavagem, quanto sobre a infração antecedentes".*[23]

De modo que, *"havendo relação de acessoriedade material entre o crime de lavagem e a infração antecedente, na medida em que esta configura elementar do crime de lavagem, mesmo firmada a independência ou autonomia dos processos que apuram cada uma das infrações, isso não elimina a aplicação das previsões do CPP relativas à conexão e à necessidade de união processual (art. 79, caput, do CPP)".*[24]

Tudo isto já bastaria por tornar evidente o **nexo objetivo** entre as infrações apuradas em sede estadual e as que estão sendo investigadas no âmbito do inquérito federal, já que a própria narrativa da denúncia confirma que os delitos nela imputados teriam sido cometidos *"para facilitar ou ocultar as outras [infrações], ou para conseguir impunidade ou vantagem em relação a qualquer delas".* Mas há, **por consequência**, outra causa não menos patente de **conexão**.

10. A conexão probatória ou instrumental

Y. O art. 76, inc. III, do Código de Processo Penal, dá por caracterizada conexão instrumental, *"quando a prova de uma infração ou de qualquer de suas circunstâncias elementares influir na prova de outra infração".* O que a toda a evidência releva, aqui, é a só circunstância de a prova de um crime poder servir ao esclarecimento de outro ou outros,[25] **sobretudo se objetivamente conexos.**

---

[22] **BADARÓ, Gustavo Henrique** e **BOTTINI, Pierpaolo Cruz.** *Lavagem de dinheiro: aspectos penais e processuais penais. Comentários à Lei 9.613/1998, com as alterações da Lei 12.683/2012.* São Paulo: Revista dos Tribunais, 2012, p. 233-234. Grifos do original.

[23] **BADARÓ, Gustavo Henrique** e **BOTTINI, Pierpaolo Cruz.** *Lavagem de dinheiro...,* op. cit., p. 234.

[24] **BADARÓ, Gustavo Henrique** e **BOTTINI, Pierpaolo Cruz.** *Lavagem de dinheiro...,* op. cit., p. 234. No mesmo sentido, **PITOMBO, Antonio Sérgio A. de Moraes.** *Lavagem de dinheiro.* São Paulo: Revista dos Tribunais, 2003, p. 126.

[25] **LOPES JUNIOR, Aury.** *Direito processual penal e sua conformidade constitucional.* 9ª ed. São Paulo: Saraiva, p. 493-494.

Ora, não precisa muito por ver que, dada a conexão objetiva, os órgãos estadual e federal têm conduzido a investigação e a instrução dos feitos com o objetivo comum de reproduzir os mesmos eventos, mediante as mesmas provas:

(*i*) o Ofício nº 1279/2012, do Ministério Público Federal, de 22 de março de 2012, e o ofício do Ministério Público Estadual, datado de 19 de março de 2012, requisitaram à Igreja praticamente os mesmos documentos; e o Federal requisitou-lhe ainda a relação dos valores remetidos ao exterior;

(*ii*) o Delegado da Polícia Federal requisitou ao Ministério Público Estadual, pelo Ofício n. 1741/2012, os termos de declarações e os depoimentos pessoais colhidos no procedimento que apura fraude na gestão da Igreja;

(*iii*) ambos os Ministério Público foram signatários do pedido de quebra de sigilos fiscal e bancário formulado perante o Juízo da Vara de Inquéritos Criminais de Vitória. Aqui, mais do que salta aos olhos a conexão probatória, pois o requerimento conjunto sublinha que "*o fruto das medidas ora requeridas também interessam ao Ministério Público Federa e a Polícia Federal nas investigações e providências de suas respectivas competências, não obstante a possibilidade de atuação conjunta e colaboração nas investigações de cada instituição*";

(*iv*) as representações por **medidas cautelares** formuladas pela Polícia Federal e pelo GAECO, no âmbito das respectivas esferas de atuação, e deferidas pelos Juízos, além de quase concomitantes, versam sobre as mesmas pessoas e possuem teor semelhante:

a1) no âmbito federal, a Polícia requereu decretação de proibição de acesso à sede da Igreja e a outro endereço, bem como o afastamento de algumas pessoas das funções administrativas que nela desempenhavam;

a2) no plano estadual, além de incluir outras pessoas como alvos da representação, o Ministério Público pediu decretação da proibição de acesso ou frequência dos investigados a todo e qualquer centro administrativo, contábil e financeiro da Igreja;

b1) na esfera federal, foi decretado o impedimento do constituinte do consulente e outros investigados de deixarem o país;

ALCANCE DO DEVIDO PROCESSO LEGAL E COMPETÊNCIA PENAL

b2) na estadual, todos os investigados foram judicialmente impedidos de sair do Estado do Espírito Santo sem prévia autorização do Juízo;

c1) o Juízo Federal proibiu aos investigados manter contato com as testemunhas e com os demais intimados na investigação;

c2) igual decisão foi proferida pelo Juízo estadual;

d1) o Juízo Federal determinou a nomeação de administrador judicial, ordenando que nenhum imóvel ou ativo permanente fosse alienado ou adquirido sem sua prévia autorização;

d2) o Estadual decretou bloqueio de bens de pessoas físicas e jurídicas;

e1) o Juízo Federal expediu mandado de busca e apreensão em quinze endereços;

e2) o Estadual determinou busca e apreensão em nove dos quinze endereços mencionados na representação federal, acrescendo-lhes três;

f1) na área federal, foi autorizada quebra dos sigilos bancário, fiscal e telemático, relativos a documentos e equipamentos apreendidos;

f2) igual medida foi tomada pelo Juízo Estadual;

g1) a Polícia Federal solicitou o compartilhamento, com o Ministério Público estadual, das informações colhidas no inquérito, incluindo as fiscais e bancárias, em razão da deflagração de operação conjunta. Deferiu-lho o Juízo Federal;

g2) o mesmo pedido foi formulado e deferido pelo Juízo Estadual.

26. À vista desse rol de **medidas incontroversas**, escusaria ressaltar a notória semelhança, senão a identidade mesma da produção e obtenção de provas em ambas as esferas, federal e estadual. É, pois, vistosa a **conexão probatória**.

11. A Dupla e Inevitável Consequência

Z. De toda esta já longa exposição, a primeira consequência imediata está em que, cumulando-se duas causas de conexão entre os feitos penais, a objetiva e a instrumental (art. 76, incs. II e III, do Código de Processo Penal), é indeclinável a reunião dos procedimentos para processo e julgamento conjuntos (art. 79, *caput*), por todas as boas razões já avançadas, não apenas sob o ângulo da sua racionalidade normativa (*rationes iuris*), como a de assegurar unidade da prova e, sobretudo, da convicção judicial, evitando decisões contraditórias ou, até, superpostas, mas, em particular, da necessidade absoluta de respeito ao princípio constitucional do **justo processo da lei** (*due process of law*), nas suas particulares expressões das garantias do **juiz natural** e da **ampla defesa** (art. 5º, inc. LIV, cc. incs. XXXVII, LIII, LXI, LXV e LV).

E é tão indeclinável, que constitui dever legal do Judiciário providenciá-lo *ex officio* a qualquer tempo (art. 109 do Código de Processo Penal), sob cominação de nulidade absoluta dos atos decisórios praticados pelo órgão incompetente (arts. 564, inc. I, e 567).

Numa síntese, é mister submeter de pronto, sob a forma de processo único, para julgamento unitário, ao seu **juiz natural**, certo e imutável, predefinido pelas regras sucessivas de competência, os feitos que são conexos por aquelas duas já invocadas razões jurídicas, ambas intransponíveis, sob pena agravada de se impor aos investigados e aos já acusados, em particular ao constituinte do consulente, **constrangimento ilegal** oriundo da atual limitação cautelar de sua liberdade individual e do risco próximo de sacrifício de sua **ampla defesa**.

Subjugado a dois graves procedimentos, um policial e outro já jurisdicional, com pesadas restrições de cunho pessoal e real decretadas em ambas as esferas, tem esse acusado, ainda, o ônus não menos penoso de em ambas defender-se, quando o ordenamento jurídico, no plano constitucional e infraconstitucional, lhe assegura fazê-lo perante uma só Justiça! Não há, aqui, lugar para dilação.

> **28.** A segunda consequência está na urgente necessidade de se reconhecer que, em se declarando, por sua atuação irrestrita, competentes ambas as autoridades judiciais, a estadual e a federal, para, separada e dissociadamente, investigar, processar e julgar supostas infrações penais conexas, quando só uma é para todas competente, o caso é típico de **conflito negativo de competência** (art. 114, I e II, do Código de Processo Penal), que compete ao egrégio Superior Tribunal de Justiça dirimir (art. 105, inc. I, alínea "d", da Constituição da República).

E, a rigor, o conflito é, deveras, **negativo**, porque, no fundo, nenhuma das duas autoridades judiciais se reputa competente para, como juiz natural, único e imutável, conhecer e julgar **todas** as teóricas infrações, cuja conexidade não se compadece com separação dos processos e dissociação do convencimento. Aliás, da manifestação do Juízo Federal, mencionada pela Procuradora da República no parecer, avulta, logo, que se considera ele incompetente para conhecer do caso em sua inteireza, preservando, assim, a competência que perdeu a Justiça Estadual.

E perdeu-a esta, porque, nos incisivos termos da **Súmula 122** do colendo Superior Tribunal de Justiça, a competência da **Justiça Federal foi prorrogada**, por força da conexão, para alcançar o processo que, não fora essa causa legal de prorrogação, seria da competência da Justiça Estadual, sem que incida, no caso, o disposto no art. 78, II, alínea "a", do Código de Processo Penal.

12. Conclusão

AA. Do exposto, deve conhecido e julgado procedente o conflito negativo de competência, para que, na forma da **Súmula 122** do egrégio Superior Tribunal de Justiça, seja declarada a competência da **Justiça Federal** para julgamento unificado de todas as supostas infrações, que são conexas, e, pronunciada a nulidade absoluta dos atos decisórios praticados pelo Juízo Estadual, com imediata reunião dos feitos. É o que, salvo melhor juízo, nos parece.

Brasília, 30 de julho de 2013.

4
Desarquivamento Irregular de Inquérito e Apresentação de Denúncia

AÇÃO PENAL. Denúncia. Recebimento. Inadmissibilidade. Peça fundada em inquérito policial arquivado por decisão judicial, a pedido doutro representante do mesmo Ministério Público, por falta de prova. Desarquivamento ordenado *ex officio* pelo juiz, com remessa dos autos à Procuradoria, que apresentou denúncia. Impossibilidade jurídica. Pedido de arquivamento irretratável e irrevogável. Decisão jurisdicional coberta por preclusão, inclusive *pro iudicato*. Caso de trancamento da ação penal por falta de justa causa. Jurisprudência do STF. *Em sendo irrevogável e irretratável o pedido de arquivamento de inquérito policial, formulado por representante do Ministério Público, e jurisdicional a decisão que o acolhe, não pode aquele ser desarquivado de ofício, nem a pedido doutro representante do mesmo Ministério Público, cuja denúncia, nele baseada, padece de impossibilidade jurídica, e, se recebida, desencadeia ação penal carente de justa causa.*

1. Consulta

A. O ilustre advogado JLOL dá-nos a honra de consulta sobre ratificação parcial, pelo Procurador-Geral de Justiça, de denúncia oferecida por órgão do Ministério Público Federal, perante Juízo que ao depois se deu por incompetente, baseada em inquérito arquivado, por falta de prova, a pedido do Ministério Público Estadual, mas recebida de ofício pelo mesmo Juízo competente que a tinha mandado arquivar. Sustenta o nobre advogado que seria inadmissível o recebimento, sem provocação, nem nova prova, de denúncia que o Juízo já tinha arquivado a pedido do Promotor de Justiça.

Estamos em que lhe assistem razões intransponíveis.

2. Síntese Relevante do Caso

B. O representante do Ministério Público Federal, lotado na Seção Judiciária do Rio de Janeiro, ofereceu, em 25 de janeiro de 2012, denúncia contra WA e outros. Os autos foram, porém, remetidos ao Juízo Estadual da comarca do Rio de Janeiro, por ter o Juízo da 2ª Vara Federal Criminal declinado da competência absoluta, a favor daqueloutro, com fundamento na súmula 42 do STJ. Não foi suscitado conflito de competência.

Em 19 de setembro de 2016, o Promotor de Justiça da 24ª Promotoria de Justiça de Investigação Penal pediu arquivamento do inquérito, dada *"a ausência de substrato mínimo para propositura de ação penal"*, ou seja, por falta de prova. E, no dia 22 seguinte, a juíza titular da 35ª Vara Criminal da comarca da capital, a que foi distribuído o inquérito, acolheu o pedido, ressalvando a possibilidade de desarquivamento nos termos do art. 18 do Código de Processo Penal.

Quase três meses depois, em 6 de dezembro de 2016, a mesma juíza, agora sob alegação de ser a *"matéria de imensa complexidade"*, submeteu a promoção já acolhida de arquivamento, na forma do art. 28 do Código de Processo Penal, ao Procurador-Geral de Justiça, que, fundado em parecer da Assessoria Criminal, rejeitou o pedido de arquivamento e *ratificou* a denúncia, salvo em relação a quatro denunciados. A denúncia ratificada foi recebida pelo Juízo.

3. Da Validez de Denúncia e Intangibilidade de Pedido Válido de Arquivamento de Inquérito Policial

C. Não podia tê-lo sido.

E, por evidenciar tal conclusão, já de si quase apodítica, convém relevar, para efeito de raciocínio, algumas premissas decisivas, das quais a primeira diz com a questão teórica da validez de denúncia e de pedido de arquivamento, a qual depende logo de serem ambos formulados pelo *promotor natural*, entendido como o órgão do MP que tenha atribuição legal, prévia e indelegável, inerente à competência administrativa de seu cargo, para oficiar em dado procedimento, em juízo ou fora dele, e, como tal, seja aí legitimado para agir. Para apurar tal legitimação, é mister pressupor as atribuições de cada um dos ramos do Ministério Público, o federal e os estaduais, em cujo âmbito se concretiza a metodologia de revelação do órgão autorizado a formular denúncia ou pedir arquivamento de inquérito policial, na condição de titular de ação penal pública, só ao qual a lei outorga o poder dessa alternativa.

DESARQUIVAMENTO IRREGULAR DE INQUÉRITO E APRESENTAÇÃO DE DENÚNCIA

E, como o conjunto de suas atribuições se define em termos homólogos aos da competência do Juízo em relação ao qual o cargo é estruturado, é truísmo que, se, por exemplo que interessa à consulta, órgão do Ministério Público Federal apresenta **denúncia** ou pede arquivamento de inquérito a Juízo Federal que seja, desde a origem, incompetente *ratione materiae* ou *personae*, seu ato é **nulo** *ex radice*, em provindo de agente absolutamente incompetente. Quando se diz, em tal caso, que o ato pode ser *ratificado* no Juízo estadual competente, usa-se de metáfora para significar que, por comodidade, o promotor público pode fazer seus os termos da denúncia ou do pedido de arquivamento, não, que lhes repare a nulidade, pois o absolutamente nulo não convalesce, salvo por *res iudicata*. Isto em nada ofende os princípios da unidade e indivisibilidade, que não importam, antes repelem ideia de promiscuidade de atribuições entre os representantes do Ministério Público, que são tais na medida em que o representem nos limites da lei e da autonomia de suas vertentes institucionais ou orgânicas.

D. Outra coisa é a situação versada em imperturbável jurisprudência do Supremo Tribunal Federal que, desde o julgamento do famoso Inquérito nº 571, assentou, apoiado na regra *tempus regit actum*, nos princípios da obrigatoriedade e indisponibilidade da ação penal pública, da só ***nulidade*** dos atos decisórios por vício de ***incompetência absoluta*** do juízo e da unidade e da indivisibilidade do Ministério Público, que alteração da competência do juízo por fato superveniente não anula os atos processuais anteriores, nem, portanto, a denúncia apresentada antes por quem tinha, então, legitimidade para oferecê-la, dispensando, nesse caso, ratificação.[1] E, quando o ato de oferecimento da denúncia é praticado por um representante em foro incompetente, prescinde, para ser válido e eficaz, de ratificação por outro do mesmo grau funcional e do mesmo ramo do Ministério Público, apenas lotado em foro diverso e competente."[2]

E. A segunda observação está na intangibilidade do pedido de arquivamento, **válido** se deduzido por órgão do Ministério Público com atribuição

---

[1] **Inq. nº 571-QO**, Pleno, rel. Min. Sepúlveda Pertence, j. 26.02.1992, DJ 05.03.1993 e *RTJ 147/902*. Para jurisprudência anterior, cf. **HC nº 63.143-MG**, 1ª Turma, rel. Min. Oscar Corrêa, j. 13.08.1985, DJ 30.08.1985 [caso em que a denúncia foi apresentada pelo MP Federal, e o feito foi, por incompetência do juízo federal, deslocado para a Justiça estadual, sem que o MP estadual tivesse ratificado a denúncia. O STF negou a existência de nulidade, que só atingiria atos decisórios].

[2] **HC nº 85.137-MT**, 1ª Turma; Rel. Min. Cezar Peluso, j. 13/9/2005, *LEX - JSTF 324/ 436*.

para fazê-lo. É que o Supremo Tribunal Federal também já estatuiu sua **irretratabilidade**, em conhecido julgamento, do qual tivemos a honra de participar com voto vencedor,[3] que passamos a transcrever na parte substancial, entre aspas, porque concorreu, posto modestamente, para essa postura, hoje sedimentada.

"(...) suponho que ajude a obter resposta convincente à preliminar, discutir a natureza do pedido de arquivamento dentro da Teoria Geral dos atos e negócios jurídicos, perante cujos conceitos se vê, logo, que tal pedido corresponde a ato unilateral, composto de um conjunto representado por declarações de ciência e uma declaração final de vontade, com a diferença específica de ser imputável ao órgão estatal a que o ordenamento jurídico confere, como regra, a titularidade exclusiva do direito, da pretensão e da ação penais públicos. O ato exprime, portanto, decisão estatal de que não há justa causa para propositura de ação penal.

E, como todo ato jurídico estruturado e substanciado em declaração, seja de ciência, seja de vontade, seja de ambas, mas, sobretudo, quando redutível a declarações de vontade, constitui suporte fático de efeitos jurídicos particulares, sua eficácia pode ser examinada sob dois pontos de vista. Do primeiro, percebe-se que sua eficácia está em condicionar a extinção do poder de oferecer denúncia e, pois, de instaurar ação penal pública *rebus sic stantibus*, isto é, no estado vigente de esgotamento improdutivo da investigação, que é o da colheita inquisitorial de elementos e provas indispensáveis a fundamentar, com causa justa, o exercício da ação e pretensão penal, nos termos, aliás, da **súmula 524**, a cujo respeito escuso-me de recordar o alcance da expressão **novas provas**, a qual não se confunde com mera reapreciação, revalorização ou nova opinião sobre os elementos e provas antes tidos por insuficientes.

A segunda eficácia do pedido consiste em vincular o Poder Judiciário quanto à pronúncia de arquivamento, a qual é relevante no contexto, porque significa declaração judicial – estatal, portanto - de que, no caso, não há, *rebus sic stantibus*, crime por punir, simplesmente porque não há elementos retóricos bastantes para início legítimo de ação penal.

Essa pronúncia estatal tem importância significativa, porque atende a um imperativo de segurança jurídica: faz público e oficial que, a menos que surjam novas provas, não há base legítima para propositura de ação penal, restituindo com isso tranquilidade e segurança ao cidadão ou cida-

---

[3] **Inq nº 2.028-BA**, Pleno, rel. p/ac. Min. Joaquim Barbosa, j. 28.04.20045, DJ 16.12.2005.

dãos eventualmente suspeitos ou envolvidos nos elementos precários da investigação. E tem, ainda, consequência prática secundária, que é a de simplesmente dar, vamos dizer assim, destinação burocrática aos autos do inquérito ou dos outros elementos documentais que não bastaram para oferecimento de denúncia.

Mas o que me parece nevrálgico salientar é que a pronúncia de arquivamento não integra os requisitos da eficácia jurídica adjudicada ao pedido de arquivamento. Noutras palavras, o pedido apresenta, como ato jurídico de outro órgão estatal, eficácia própria, que não está subordinada à pronúncia jurisdicional, a qual apenas torna oficial e público não haver elementos para instauração legítima de ação penal.

O que se deve agora indagar é se esse ato estatal, figurado no pedido de arquivamento, seria *revogável* e *retratável*.

De regra, os atos estatais são irretratáveis, porque não se concebe pudesse o Estado, em especial nas suas declarações de vontade, desdizer--se a todo instante, pela razão óbvia de que tal instabilidade jurídica não seria compatível com as funções do mesmo Estado. Portanto, os atos estatais são irretratáveis. Não são, porém, *irrevogáveis*. Os atos declaratórios da administração pública, a cuja classe pertence o pedido de arquivamento, são *revogáveis*, observadas certas condições, mas são-no à luz do seu caráter patrimonial. Isto é, porque não convenha à administração pública, em dadas circunstâncias, a permanência da eficácia do ato, o Estado está autorizado, em nome da necessidade de responder e satisfazer ao interesse público, a revogá-lo, tirar-lhe a ***vox*** (jurídica) ou eficácia, para atender ao fim público, sem perturbação grave da ordem jurídica, porque suas repercussões são apenas de caráter patrimonial e não excluem dever de resguardo de direitos subjetivos do particular.

Na hipótese, todavia, não se está, evidentemente, diante de ato cujas consequências guardem caráter patrimonial. Cuida-se, antes, de declaração que recai sobre o ***status libertatis*** do cidadão, ou seja, sobre direito indisponível da pessoa, perante o qual, a mim me parece, seria contrário aos princípios admitir a revogabilidade do pedido de arquivamento.

(...)

A meu ver, esta postura teórica está ligada à noção incontroversa da indisponibilidade do ***status libertatis*** e, portanto, de objeto jurídico cuja sorte não pode ficar à disposição de uma vontade lábil da administração pública.

Além do mais, eventual concepção de retratabilidade do ato tornaria, a meu ver, de todo em todo inútil o esquema normativo traçado no art. 28 do Código de Processo Penal, porque, então, qualquer outro representante do Ministério Público poderia, como órgão do Estado, retirar, a todo tempo, o pedido de arquivamento, sob escusa de que se trataria de característica imanente à sua revogabilidade. Ora, do ponto de vista prático, onde me estou situando para reforço de argumentação, esse poder acarretaria profunda insegurança jurídica, inconciliável com postulado essencial do ordenamento, cuja vocação é garantir, na convivência social, os projetos e ações de vida dependentes de relativa certeza jurídica.

Ao depois, tenho por difícil, se não impossível, a coexistência entre revogabilidade do pedido de arquivamento e os corolários do princípio da unidade e indivisibilidade do Ministério Público.

Parece-me, em suma, que **o pedido de arquivamento**, dentro do sistema concebido pelo art. 28, é ato administrativo unilateral, **irrevogável** e **irretratável**, sem ser, porém, irrevisível. É que também é *condicionalmente revisível*, no sentido de que, se o representante do Ministério Público formula o pedido de arquivamento e o juiz o acolhe, já não é lícito, até que surjam novas provas, rever o conteúdo dessa declaração estatal de vontade, mas - e aqui está o caráter condicional da sua *revisibilidade* -, não concordando com as razões apresentadas pelo Ministério Público para justificar o pedido de arquivamento, o juiz aciona o mecanismo que, previsto no mesmo art. 28, introduz um processo de formação complexa da vontade daquele órgão estatal. Na primeira hipótese, o ato é de formação e exteriorização simples; na segunda, o mecanismo previsto remete-o à classe dos chamados atos complexos, em que, pela participação de mais de uma pessoa, é complexo o processo de formação de vontade do Estado. E a razão clara é porque o teor final da vontade do Estado será, aí, apurado ao termo do processo de *revisão* do ato original pelo superior hierárquico de quem o externou. Há, nisso, sistema de *revisibilidade condicionada*, porque o mecanismo de controle do ato depende da iniciativa do magistrado diante do pedido de arquivamento: é só o magistrado que pode desencadear o processo de *revisibilidade*, quando não aceite as razões expendidas pelo representante do Ministério Público (...)."[4]

---

[4] Apusemos alguns itálicos apenas para enfatizar o cunho **irretratável** e **irrevogável** do pedido de arquivamento, tal como foi reconhecido pelo egrégio Plenário do STF sob a expressão sintética, mas expressiva, de **irretratabilidade**.

F. A esses argumentos que, adotados pelo STF como *rationes decidendi*, já bastariam a firmar a impossibilidade jurídica de o próprio Ministério Público, por qualquer de seus representantes, desdizer-se ou, retirando-lhe a *vox*, tornar ineficaz, fora da hipótese do art. 28 do Código de Processo Penal, pedido de arquivamento formulado, perante Juízo competente, por órgão que, com atribuição legal para tanto, legitimamente representava a instituição na sua unidade e indivisibilidade, é de acrescer que tal consequência é avigorada, de outro ângulo, pela ***prescrição consumativa***, que exauriu o ônus ou poder de praticar um dos atos possíveis em relação ao inquérito policial.[5]

4. Natureza e Eficácia do Ato Judicial de Arquivamento

G. Cumpre agora realçar certas características da decisão que, atendendo a pedido do Ministério Público, ordena arquivamento do inquérito. A respeito, já ninguém discute que, embora o pedido possa ter cunho só administrativo, o ato que o acolhe é, não apenas *judicial* enquanto promana do Juízo, mas verdadeira **decisão**, a meu aviso, **jurisdicional**, porque, conquanto vocacionada a controlar a obrigatoriedade da ação penal pública, resolve questões, não raro virtuais, e produz efeitos jurídico-penais relevantíssimos, entre os quais o *direito subjetivo* do investigado de opor-se a exercício de pretensão punitiva do Estado em razão da inviabilidade condicionada de ação penal (**súmula 524** do STF)[6] e, na sua concepção teórico-normativa, a eficácia preclusiva de coisa julgada material em caso de atipicidade do fato e de reconhecimento de causa de extinção ou exclusão de punibilidade.[7] Como tal, é *irrecorrível* e desencadeia ***preclusão pro iudicato***, ou, como se diz, coisa julgada formal, que, resguardando seu objeto específico, o qual está na necessidade de novas provas para oferecimento de denúncia, ou seja, operando nos limites da questão decidida, não permite ao Juízo retratar-se, nem revogar sua decisão.

---

[5] Todas essas são boas razões por que erra a doutrina, quando, criticando a posição adotada pelo STF a partir do julgamento do referido **Inq nº 2.028-BA**, atribui tal efeito preclusivo ao fato jurídico da decisão judicial de arquivamento (assim, **Oliveira, Eugênio Pacelli de.** *Curso de processo penal.* 10ª ed. RJ: Lumen Juris, 2008, p. 55, nº 4.1.2). A decisão de arquivamento só o reforça, como se verá em seguida!

[6] Nisto, certo **Oliveira**, Eugênio Pacelli de. *Op. cit.*, pp. 48-49, nº 4.1.2.

[7] Cf., por todos, STF, **Pet nº 3.297-MC**, Pleno, rel. Min. Cezar Peluso, j. 19.12.2005, DJ 17.02.2006.

Outra inteligência levaria a absurdos incompatíveis com a ordem jurídica. À uma, porque implicaria interpretação derrogatória do art. 18 do Código de Processo Penal, ao decepar-lhe a textual eficácia inibitória da propositura de ação penal sem *outras provas*, como se essa cláusula não estivesse ali escrita. E, depois, porque violentaria o princípio da *segurança jurídica*, de raiz constitucional e vista como *confiança legítima*, ao autorizar que, com ou sem provocação, nem notícia de prova nova, os juízes desarquivassem inquéritos a qualquer tempo, rompendo a estabilidade das relações intersubjetivas e inquietando cidadãos de boa-fé.

5. A Assente Jurisprudência do Supremo Tribunal Federal

H. Todas essas conclusões encontram, no egrégio STF, aplicação pertinente ao caso, aliás como reflexos, diretos ou indiretos, da racionalidade do enunciado da velha mas perseverante **súmula 524**, da qual pode dizer-se tenha extraído e petrificado a diretriz de que constitui constrangimento ilegal o desarquivamento de inquérito, o oferecimento de denúncia e seu recebimento, sem novas provas.

É o que já professava em não poucas decisões do século passado, algumas oriundas do colendo Plenário, quando deixava expresso, em ementas curiais, de todo em todo aplicáveis ao caso típico da consulta:

> "**Desarquivamento, mediante denúncia de outro promotor, mas sem novas provas, de inquérito já arquivado por despacho do juiz**, a requerimento do Ministério Público. Constrangimento ilegal reconhecido."[8]

É sobremodo importante advertir que tão explícita orientação, que obsta a desarquivamento e a oferecimento de denúncia, quadra até à hipótese em que o inquérito ou os autos de investigação hajam sido arquivados diretamente pelo Procurador-Geral da República, sem dirigir-se ao STF.[9] E uma das muitas razões desse escrutínio é porque, pelos conspícuos efei-

---

[8] **RHC nº 50.203-GB**, Pleno, rel. Min. Xavier de Albuquerque, j. 06.07.1972, DJ 06.10.1972, onde é invocado o precedente do **RHC nº 48.867-GB**, 2ª Turma, rel. Min. Thompson Flores, j. 06.05.1971, DJ 03.09.1971, *RTJ 63/620*. Grifos nossos. *Idem*: **RHC nº 42.472-SP**, Pleno, rel. Min. Pedro Chaves, j.09.08.1965, DJ 01.09.1965, *RTJ 68/429*; **RHC nº 57.191**, 2ª Turma, rel. Min. Décio Miranda, *RTJ 91/831*; **RE nº 116.196-MG**, 2ª Turma, rel. Min. Célio Borja, j. 16.09.1988, DJ 14.10.1988.

[9] **Inq nº 2.054-DF**, Pleno, rel. Min. Ellen Grace, j. 29.03.2006, DJ 06.10.2006, *RTJ 199/91*. Nesse julgamento, que, reafirmando a **irretratabilidade do pedido de arquivamento** do

tos da decisão de arquivamento, é sempre grave o ato de desarquivar o inquérito e permitir denúncia, como se acentuou nestoutra ementa:

> "(...) 4. Art. 18 do CPP. Arquivamento de inquérito policial. "Novas pesquisas". Possibilidade de reabertura das investigações, se de outras provas houver notícia. *Contrario sensu*, a reabertura não pode decorrer da simples mudança de opinião ou reavaliação da situação. É indispensável que haja novas provas ou, ao menos, novas linhas de investigação em perspectiva. 5. Impossibilidade de reabrir inquérito para aprofundar linhas de investigação que já estavam disponíveis para exploração anterior. **O arquivamento da investigação, ainda que não faça coisa julgada, é ato sério que só pode ser revisto por motivos igualmente sérios e surgidos posteriormente**. 6. Reabertura das investigações que decorreu do puro e simples inconformismo com o arquivamento requerido pelo Procurador-Geral da República, sem que uma linha de investigação nova tenha surgido após o arquivamento."[10]

6. Da consequente e pronta solução do caso

I. Como se viu nítido, revogando sua própria decisão, sobre a qual recaíra preclusão *pro iudicato*, a MM. Juíza permitiu, sob pretexto de aplicação do art. 28 do Código de Processo Penal, que o Ministério Público se retratasse do pedido, irretratável e irrevogável, de arquivamento do inquérito policial, formulado por Promotor de Justiça que, no exercício estrito de suas atribuições e autonomia funcionais, representava a instituição unitária, e que fosse violado, por ratificação parcial e recebimento de denúncia absolutamente nula, oferecida por órgão sem competência administrativa, *direito subjetivo*, *líquido* e *certo*, que imuniza os ora denunciados a persecução penal sem novas provas. Não pode, pois, subsistir o recebimento da denúncia. É ato aberrante dos princípios.

7. Conclusão

J. De todo o exposto, estamos em que, instaurada ação penal **sem justa causa**, caracterizada pela inexistência de base para formulação de

---

MP, se apoiou às expressas no precedente do **Inq nº 2.028-BA**, também julgado pelo Pleno (v., *supra*, p. 3, nº 5 e nota nº 3), ficamos vencido na preliminar.

[10] **Rcl nº 20.132-AgR-segundo-SP**, 2ª turma, rel. p/ac. Min. Gilmar Mendes, j. 23.02.2016, DJe 28.04.2016. Grifos nossos. As expressões foram tiradas do voto prevalente do relator designado.

denúncia,[11] já inviabilizada pelo arquivamento imutável do inquérito policial, sem nova prova, a litispendência constitui, no quadro de ofensas à garantia do *promotor natural*, ao disposto nos arts. 18 e 28 do Código de Processo Penal e à **súmula 524** do STF, constrangimento ilegal, remediável *ex officio* ou mediante *habeas corpus*, com trancamento imediato da ação.

É o que, salvo melhor juízo, nos parece.

Brasília, 10 de abril de 2017.

---

[11] Sobre a hipótese de arquivamento por ausência de base à acusação, como ***falta de justa causa***, cf. **MOURA, Maria Thereza Roca de Assis**. *Justa causa para a ação penal – doutrina e jurisprudência*. SP: RT, 2001, p. 243.

5
Pena e Detração do Período
de Prisão Preventiva Domiciliar

PENA CRIMINAL. Reclusão. Regime inicial fechado. Detração. Prisão provisória. Período de prisão preventiva cumprido em regime domiciliar. Direito do condenado à operância do desconto à prisão definitiva. Consequência prevista, ademais, em acordo homologado de colaboração premiada. Inteligência do art. 42 do CP e do art. 318 do CPP. *Para coibir consequência absurda, danosa à dignidade do réu, a detração penal não distingue as modalidades ou regimes possíveis de cumprimento de prisão provisória, como a preventiva, cujo tempo de cumprimento, independentemente de ter sido domiciliar o regime adotado, deve ser sempre abatido ao da pena privativa de liberdade, na medida em que significa igual comprometimento desta, haja sido domiciliar, ou não, aquele.*

1. Consulta

A. O ilustre advogado TDN dá-nos a honra de consulta sobre a sorte de apelação que, em nome do cliente HMASF, réu em pendente ação penal, interpôs de sentença condenatória proferida pelo juiz da 13ª Vara Federal de Curitiba, o qual, acolhendo, em parte, embargos declaratórios, não considerou, para fim de detração da pena de seis meses de reclusão em regime fechado, imposta àquele réu embargante, o período em que permaneceu preso, preventivamente, em regime domiciliar, limitando-a à pena cumulada sob regime diferenciado, com recolhimento domiciliar integral, sob fundamento de tal regime guardar mais equivalência com a prisão cautelar. O apelante sustenta, em resumo, que a decisão recorrida ofende o disposto no art. 318 do Código de Processo Penal e no art. 42 do Código Penal, porquanto a prisão domiciliar tem natureza de prisão

PARECERES DE DIREITO PENAL

preventiva, devendo assim ser considerada para detração, que se justifica ainda na medida em que foi essa prevista no acordo homologado de colaboração premiada e efetiva, cujas penas foram adotadas pela sentença e cujos termos devem ser observados em reverência aos princípios da confiança e do resguardo de ato jurídico perfeito.

Estamos em que lhe assiste inteira razão.

2. Os Dados Incontroversos e Relevantes do Caso

B. Em 15 de junho de 2016, o Juízo da 13ª Vara Federal de Curitiba deferiu, em parte, pedido de revogação da prisão preventiva formulado pelo réu HMASF, para, não obstante mantendo-a, dispor fosse a prisão cautelar cumprida em regime domiciliar, nestes termos: *"Não é caso de revogação da preventiva, considerando os fundamentos da decisão do evento 12, mas é pertinente a concessão do benefício da prisão domiciliar, com tornozeleira eletrônica, até pelo menos a prolação da sentença."*

C. Ao julgar procedente a ação penal, que abrangia outros réus, o mesmo juiz condenou HMASF, pelo delito de lavagem de dinheiro, à pena total de 8 (oito) anos e meio de reclusão, sendo os 6 (seis) meses iniciais em regime fechado, dos quais detraiu o período em que o réu ficou preso cautelarmente, até 17 de junho de 2016, desde quando deveria cumprir mais 1 (um) ano em regime fechado diferenciado, com recolhimento domiciliar integral e tornozeleira eletrônica, além doutras duas penas sucessivas. No que apenas interessa à consulta, desse dispositivo consta: *"Substituo as penas pelas previstas no acordo. A pena privativa de liberdade de HMASF será cumprida em regime inicial fechado de seis meses de reclusão. Será descontado dessa pena, o período em que ele ficou preso cautelarmente no processo 5010479-08.2016.404.7000, entre 22/03/2016 a 17/06/2016."*

É importante salientar que as penas foram fixadas em substituição das que seriam aplicáveis ao réu à vista da natureza do delito e das circunstâncias do caso, à luz do art. 59 do Código Penal, porque, como deixou claro a sentença, estavam previstas no instrumento de acordo de colaboração premiada que, celebrado pelo réu com a Procuradoria-Geral da República e homologado pelo Supremo Tribunal Federal, foi tida pelo Juízo como válida, efetiva e vinculante para tal efeito, posto não bastasse à concessão de perdão judicial.

D. À sentença, o réu opôs embargos declaratórios para que fosse remediado erro material, consistente em ter negado detração do tempo de prisão domiciliar na pena por cumprir em regime inicial fechado, quando deveria compreender aí todo o período em que está preso desde 22 de março de 2016, nos termos do art. 42 do Código Penal e da expressa cláusula 4ª, inciso II, do acordo de delação premiada, a qual estatui seja *computado o tempo de prisão cautelar cumprido em função de decisão do Juízo da 13ª Vara Federal da Seção Judiciária de Curitiba, como tempo de reclusão em regime fechado.*"

Mas o juiz acolheu os embargos, apenas em parte, mediante a seguinte fundamentação: *"Acolho parcialmente o requerido, o período em que o condenado permaneceu em prisão domiciliar de 17/06/2016 até a presente data deve ser considerado para fins de detração do período de um ano no assim denominado regime fechado diferenciado. Afinal é justo que a detração seja efetuada em relação à parte da pena cujo regime de cumprimento guarda mais equivalência com a prisão cautelar com recolhimento domiciliar. Quanto ao período de prisão cautelar domiciliar excedente de um ano, deverá ser descontado no cumprimento do recolhimento domiciliar integral durante os finais de semana e feriados durante o assim denominado regime semiaberto diferenciado. Então, portanto, fica mantida a obrigação de cumprimento do remanescente da pena de seis meses, descontado o período de 22/03/2016 a 17/06/2016."*

É contra esta decisão que apelaram o réu e o Ministério Público Federal, postulando, ambos, seja o tempo de prisão domiciliar, como de prisão preventiva, que é, considerado para fim de detração do período da pena de reclusão a que foi o réu apelante condenado a cumprir em regime inicial fechado.

3. Das Indiscutíveis Premissas Jurídicas
E. Posto que tão só para ordenar o raciocínio, pensamos conviesse reavivar noções jurídicas primárias que governam a solução do caso, das quais a primeira está em discernir os conceitos de prisão definitiva e de prisão provisória. Diz-se, segundo o critério discretivo da finalidade, *definitiva* a prisão, quando a privação da liberdade tem o caráter de **pena**, ainda que prevista em decisão não transitada em julgado. E, pois, sói qualificar-se como *provisória* a que, guardando natureza só **cautelar**, falte esse cunho de sanção. Em tal sentido é que se classificam como modalidades de prisão provisória, por exemplo, a decorrente de flagrante e a *preventiva*. Nesse quadro, a nota de sua provisoriedade vem do caráter, antes temporário que provisório,[1] da relação instrumental que essas hipóteses legais de prisão

---

[1] A eficácia de toda medida cautelar, penal ou civil, deve ser estimada como **temporária**, porque não dura para sempre, e não, como **provisória**, cujo sentido próprio suporia fosse

apresentam, para efeito de tutela do *ius puniendi*, em relação a resultado de processo penal pendente ou futuro.

Outra coisa, mui distinta, são os *regimes* ou *modos de cumprimento* da prisão, que, em geral, remetem à ideia formal das regras e do local peculiares de sua concretização ou realização prática. Esta é a razão intuitiva por que não só a doutrina, como a lei denominam **domiciliar** a prisão que, *provisória* ou *definitiva*, se deva cumprir em casa, sob condições legais ou judiciais variáveis, e já não, em estabelecimento carcerário oficial. O que lhe dita a natureza *domiciliar* não é o ser, naquelas acepções mencionadas, *definitiva* ou *provisória*, senão o predicado topológico de cumprir-se, segundo regras próprias, na residência da pessoa que lhe seja submetida. Ninguém duvida que possa ser *domiciliar* assim a prisão *definitiva*, como a prisão *provisória* da subespécie preventiva, como, aliás, no caso, o reconheceu o magistrado ao cuidar textualmente, não poucas vezes, na decisão dos embargos, como *"prisão cautelar"*, da prisão *domiciliar* que, antes, por boas razões jurídicas, deferiu ao réu como modo de cumprimento da preventiva que não revogou.

Daí que, sabendo-se que o instituto da detração foi criado para obviar que o tempo de prisão *provisória* se transforme, à margem da lei, em pena acrescida ao da prisão *definitiva* estabelecida na sentença, pouco se dá, para fim da dedução, o regime ou modo de cumprimento da *provisória*, a qual não deixa nunca de ser privação da liberdade física, considerável na apuração final do tempo da prisão *definitiva* a título de pena devida. Noutras palavras, não releva saber se a prisão preventiva foi cumprida sob forma de prisão *domiciliar*, ou não; em qualquer hipótese, por implicar sempre privação da liberdade do réu ao depois condenado, o período de cumprimento de prisão *provisória*, ainda que *domiciliar*, sempre se computa na pena de prisão *definitiva*, sem restrição de nenhuma ordem (art. 42 do Código Penal). Também isto o reconheceu, alhures, o mesmo juiz, quando averbou, não sem alguma impropriedade, que uso de tornozeleira eletrônica tem *"o efeito colateral negativo de propiciar a futura detração da pena, ou seja, cada dia de recolhimento domiciliar equivale a um dia na prisão."* O que, é certo, induz à detração, não é o uso eventual de tornozeleira eletrônica, mas o fato objetivo do cumprimento de prisão *domiciliar provisória*!

---

sempre sucedida pela eficácia de provimento satisfativo, que é apenas eventual (cf. **Baptista da Silva**, Ovídio A.. *Curso de processo civil*. Vol. III. Porto Alegre: Sergio Antonio Fabris Ed., 1993, pp. 37-44, § 8).

4. Do Erro Gravoso da Decisão

F. Deixando, como se viu, de determinar, sem restrição, nem condição, fosse o período de cumprimento da prisão *domiciliar* computado no tempo da pena de prisão *definitiva* em regime inicial fechado, de seis meses de reclusão, não foi sutil o equívoco da decisão apelada.

Não o foi à uma, porque, limitando o efeito da detração ao tempo da pena cumulada sucessiva, consistente em 1 (um) ano de prisão *"no assim denominado regime fechado diferenciado, desta feita com recolhimento domiciliar integral e tornozeleira eletrônica"*, contrariou a racionalidade normativa da detração, que, para coibir consequência absurda, danosa à dignidade do réu, não distingue as modalidades ou regimes possíveis de cumprimento de *prisão provisória*, cujo tempo, independentemente da modalidade ou regime adotado, deve ser abatido ao da *pena privativa de liberdade*, na medida em que, haja sido domiciliar ou não, sempre significa igual comprometimento da mesma liberdade. Levada a sério a solução aviada pela decisão dos embargos, não se justificaria detração alguma de período de cumprimento de prisão preventiva domiciliar, em caso de inexistência de pena *privativa de liberdade* sob regime domiciliar, à míngua da equivalência entrevista no caso! O excesso da consequência mostra logo o erro da premissa. E tão singular alvitre de confinar a detração à pena cujo regime guardaria *"mais"* equivalência ao da prisão provisória domiciliar, sobre não respeitar a lei, que o não autoriza, é obra de indisfarçável e inadmissível recurso a analogia *in malam partem*.

E, já não sendo pouco, porque contrariou, ainda, disposição expressa do termo do acordo de colaboração premiada, homologado pelo STF e que o mesmo juízo reputou válido, efetivo e vinculante, quando, na eleição das penas, adotou as que foram ali acertadas. A ofensa, aqui, é direta à Constituição da República, pois insulta o subprincípio da segurança, positivado no art. 5º, inc. XXXVI, onde se hospeda garantia à eficácia de ato jurídico perfeito, cuja raiz está na concepção de **fonte de direito** que a ordem jurídica atribui *"ao poder que tem a vontade humana de instaurar vínculos reguladores do pactuado com outrem."*[2] E é agravada por subentender interpretação que, autorizando a sentença a repudiar, sem causa jurídica, cláusulas substantivas de acordo de colaboração premiada, compromete a credibilidade do instituto, inviabilizando-o na prática.

---

[2] **REALE, Miguel**. *Fontes e modelos do direito*. São Paulo: Saraiva, 1994, p. 12.

5. Conclusão

G. Do exposto, estamos em que deve ser provida a apelação do réu HMASF e, no mesmo ponto, a do Ministério Público Federal.

É o que, salvo melhor juízo, nos parece.

Brasília, 8 de fevereiro de 2018.

6
Prova da Culpa e *Chamada de Corréu*

1. PROCESSO CRIMINAL. Objeto. Acusação. Denúncia. Presunção de inocência do réu. Condenação. Necessidade da existência de prova plena da culpa. Interpretação do art. 5º, incs. LV, LV e LVII, da CF. *No processo penal, onde nunca se presume provada a denúncia, mas a inocência do réu, só é lícito condená-lo quando haja prova, direta ou indireta, histórico-representativa ou crítico-lógica, do fato delituoso, como tal a produzida em juízo, debaixo das garantias do contraditório e da ampla defesa, com observância das regras legais.*

2. PROCESSO CRIMINAL. Prova da culpa. Inexistência. Elementos informativos alheios à instrução judicial. Dados exclusivos do inquérito policial. Insuficiência. Absolvição do réu. Dever jurídico do juiz da causa. Jurisprudência do STF. *Não pode haver condenação penal baseada apenas em elementos colhidos em inquérito policial, em cujo procedimento preparatório não atuam as garantias próprias do direito constitucional de defesa. Fatores retóricos do inquérito policial só podem ser considerados, ainda assim de modo não decisivo, quando se ajustem a provas produzidas em juízo, caso em que estas, para atender à ordem constitucional, devam bastar à condenação.*

3. PROVA PENAL. Conversas telefônicas entre suspeitos, ao depois transformados em corréus. Interceptação no curso do inquérito. Equivalência à figura da *chamada de corréu*. Insuficiência para condenação, ainda que figurassem confissões. Princípio da só atendibilidade da prova feita em contraditório judicial. Aplicação do art. 155, *caput*, do CPP. *Equiparando-se a depoimentos espontâneos de delatores, típicos da conhecida figura da* **chiamata di correo***, não basta para condenação criminal a interceptação, durante o inquérito, de conversas telefônicas entre suspeitos que ao depois se tornaram corréus, cujas confissões, retratadas, ou não, em juízo, tampouco servem de fundamento único para decreto condenatório.*

1. Consulta

A. O ilustre advogado SR dá-nos a honra de consulta sobre a admissibilidade teórica de seu cliente JIP, denunciado como incurso nas penas dos arts. 299 e 333, § único, cc. art. 29, do Código Penal, perante a 10ª Vara da Seção Judiciária do Distrito Federal, ser condenado com só base em prova indiciária que, consubstanciada em interceptação de conversas telefônicas travadas entre terceiros (corréus), pudesse servir de fundamento único para condenação, quando não ratificada em juízo, nem corroborada por qualquer outra prova aí produzida sob o crivo do contraditório.

Estamos em que é de todo negativa a resposta.

2. Dos Fatos Relevantes e Incontroversos do Caso

B. JIP foi, com outros, denunciado, perante a 10ª Vara da Seção Judiciária do Distrito Federal, com incurso nas sanções dos arts. 333, § único, e 299, cc. art. 29, do Código Penal, sob acusação, em síntese, de, para beneficiar a companhia JSAR S.A., da qual era diretor, em três procedimentos administrativos em tramitação no Conselho Administrativo de Recursos Fiscais – CARF, nos quais os interesses privados envolvidos montavam a um bilhão e oitocentos milhões de reais atualizados, ter oferecido vantagens indevidas a dois corréus, auditor e analista tributário, que as aceitaram, para que praticassem, com infração a deveres funcionais, atos de ofício tendentes a obter julgamento favorável àquela empresa (***a***), e ter ainda inserido declaração falsa em documento particular com o fim de alterar a verdade de fato juridicamente relevante (obstruir a investigação criminal do primeiro delito) (***b***).

C. Baseou-se a denúncia, para as imputações a JIP, nos indícios colhidos em inquérito policial, consistentes na transcrição de interceptações de conversas telefônicas travadas apenas entre ora corréus, em que estes teriam feito referências camufladas a propostas e tratativas das quais se poderiam inferir, no entanto, as práticas delituosas atribuídas àquele. Noutras palavras, as acusações contra o réu JIP fundaram-se, exclusivamente, no conteúdo de intercursos telefônicos de terceiros, sem participação sua, apurados na fase preparatória do inquérito.

D. No processo da ação penal, porém, os corréus negaram, de modo absoluto, haver tratado de qualquer ato ilícito nessas conversas, negando que JIP tenha praticado algum ato capaz de configurar corrupção ativa. E, sobre tal imputação, não foi, em juízo, produzida nenhuma prova, nem

PROVA DA CULPA E *CHAMADA DE CORRÉU*

sequer sobreveio confissão do acusado, de modo que, a respeito, lhe pesaria tão só o elemento informativo figurado naquelas **conversas telefônicas entre terceiros**, enquanto então meros suspeitos de crime, posto que sejam agora corréus, interceptadas e transcritas durante o **inquérito policial**.

Não há *prova* do crime.

3. Da Necessidade Absoluta de Prova para Condenação

E. E não o há, por várias e manifestas razões.

O substrato inviolável do disposto no art. 5º, inc. LVII, da Constituição da República, reafirma, no plano positivo do ordenamento jurídico, o postulado dogmático do *processo acusatório* de que objeto do processo penal é o objeto específico da acusação, e não, a inocência do réu, para significar, entre outras emanações relevantes, que, reconhecendo-se, ou não, ao acusador, a atribuição de ônus da prova material,[1] só é lícito condenar o réu, que até então se presume inocente, quando haja prova, direta ou indireta, histórico-representativa ou crítico-lógica, do fato delituoso, ou seja, quando não subsista nenhuma dúvida sobre a sua culpa. *Nunca se presume provada a denúncia!* E *prova*, para esse efeito, diz-se da que tenha sido produzida em juízo, debaixo das garantias do contraditório e da ampla defesa, com observância das regras legais (art. 5º, incs. LV e LVI). E a respeito não há lugar para interpretação expansiva.

Tão intuitivo alcance das cláusulas constitucionais até escusava fosse explicitado na disposição cristalina do art. 155 do Código de Processo Penal, que guarda sobremodo o caráter de estatuição do *dever jurídico* do juiz da causa de nunca fundar sentença condenatória na convicção que lhe resulte exclusivamente dos elementos informativos de investigação externa à instrução da ação penal. Daí entender-se logo a racionalidade jurídica da postura aturada do STF de que não pode haver condenação baseada apenas nos elementos colhidos em inquérito policial, em cujo procedimento preparatório não atuam as garantias próprias do direito constitucional de defesa.[2] Fatores retóricos do inquérito policial só podem ser considerados,

---

[1] Sobre a discussão, cf. **FIGUEIREDO DIAS, Jorge de**. *Direito processual penal*. Coimbra: Coimbra Ed., reimp. 1974, p. 212-213.

[2] Cf. **HC nº 103.660-SP**, 1ª Turma, rel. Min. Ricardo Lewandowski, j. 30.11.2010, DJe 06.04.2011; **HC nº 96.356-RS**, 1ª Turma, rel. Min. Marco Aurélio, j. 24.08.2010, DJe 24.09.2010, *RT 100/499* (cita **HC nº 82.622-9-SP**, 2ª Turma, rel. Min. Carlos Velloso, DJ 08.08.2003); **RE nº 287.658-MG**, 1ª Turma, rel. Min. Sepúlveda Pertence, j. 16.09.2003, DJ 03.10.2003; **RE nº**

ainda assim de modo não decisivo, quando se ajustem a provas produzidas em juízo,[3] caso em que estas, para atender à ordem constitucional, devam bastar à condenação.

Esta é a primeira razão por que não pode JIP ser condenado pelo delito de corrupção ativa (art. 333 do Código Penal), do qual não se deu, em juízo, nenhuma prova, nem sequer capaz de, em algum sentido, complementar os indícios precários do inquérito, que serviram apenas para viabilizar a incoação da ação penal. Doutro modo, **seria condenado só com base no inquérito!**

F. A segunda razão convergente, embora implícita na primeira, nasce de pura epítrope, a do suposto valor legal atribuível ao teor das conversas telefônicas dos ora corréus, acusados do mesmo crime, interceptadas durante a investigação policial e tomadas como *provas cautelares, não repetíveis e antecipadas*, que, como tais, entrariam na exceção legal ao princípio da só atendibilidade da prova feita em *contraditório judicial* (art. 155, *caput*, do Código de Processo Penal).

A substância retórica dessas conversas, na medida em que foram travadas entre suspeitos ao depois transformados em corréus do mesmo delito, não é outra senão a que se irradiaria de depoimentos espontâneos de ***delatores*** e, assim, típicos da conhecida figura da *"chiamata di correo"*. Ora, se as referências supostamente incriminadoras, objeto dessas comunicações telefônicas, tivessem provindo de declarações coligidas, no inquérito, a título de *colaboração premiada*, já não caracterizariam ***prova*** no sentido pleno, enquanto por si só eficaz para ditar juízo condenatório, que o não autoriza o disposto no art. 4º, § 16, da Lei nº 12.850, de 2 de agosto de 2013, pois seriam apenas suficientes para legitimar recebimento da denúncia. É o que também já o assentou, sem dissenso, o Plenário do STF.[4] De modo que, ainda quando, só por tolerância argumentativa, fossem equiparadas a medidas cautelares, *não repetíveis e antecipadas*, não obstante repetíveis

---

136.239-SP, 1ª Turma, rel. Min. Celso de Mello, j. 07.04.1992, DJ 14.08.1992, *RTJ 143/306*; **AP nº 427-SP**, Pleno, rel. Min. Carmen Lucia, j. 04.11.2020, DJe 27.06.2011.

[3] Cf. **RHC nº 118.516-SC**, 1ª Turma, rel. Min. Luiz Fux, j.22.04.2014, DJe 09.05.2014; **RE nº 425.734-AgR-MG**, 2ª Turma, rel. Min. Ellen Grace, j. 04.10.2005, DJ 28.10.2005; **HC nº 83.348-SP**, 1ª Turma, rel. Min. Joaquim Barbosa, j. 21.10.2003, DJ 28.11.2003; **RHC nº 99.057-MS**, 2ª Turma, rel. Min. Ellen Grace, j. 06.10.2009, DJe 06.11.2009.

[4] Cf. **Inq nº 3.983-DF**, Pleno, rel. Min. Teori Zavascki, j. 03.03.2016, DJe 12.05.2016; **Inq nº 3.984-DF**, 2ª Turma, rel. Min. Teori Zavascki, j. 06.12.2016, DJe 15.12.206.

e não antecipadas em incidente, aquelas declarações não seriam provas, *a fortiori*.

Com só base nelas, o réu JI **seria condenado por força de dado que, conquanto colhido no inquérito policial, nem é sequer meio de prova!**

G. A terceira razão consequente está em que, como não são delatores, nem a estes podem ser comparados os ora corréus do mesmo hipotético delito, pouco se dá que, em juízo, hajam, ou não, negado caráter criminoso a atos imprecisos do réu JIP, vagamente referidos nas conversas interceptadas, porque, ainda que, em juízo, tivessem, *ad argumentandum tantum*, declarado o contrário, isto é, que aquele réu deveras cometera o crime de corrupção ativa, de nada valeriam, em si, suas palavras, expressas sob a égide do contraditório, pelo bom e decisivo motivo de que nada vale, como prova, a ***chamada de corréu***, que, não tendo dever processual de dizer a verdade, não é admitido como testemunha, nem informante, e, fora da *colaboração premiada*, delata sem compromisso, nem proveito jurídico.[5] Ainda aqui, o STF se cansa de proclamar que confissões ou chamadas de corréus, retratadas, ou não, em juízo, não servem de fundamento único para decreto condenatório,[6] nem tampouco admite sejam ouvidos como testemunhas ou informantes, salvo quando colaboradores em caso de *delação premiada*, onde, porém, suas palavras, ainda que coerentes e verossímeis, não são suficientes para justificar condenação.[7]

Ora, se os corréus não afirmaram, nem confirmaram, em juízo, tenha JIP cometido crime de corrupção ativa, **seria ele condenado sem prova nenhuma desse fato!**

---

[5] Criticando tais confissões, tachadas de *"materiale impuro e sospetto, specie quando il confitente lucri favori penali o regoli dei conti"*, **Franco Cordero** adverte que *"**queste narranti non vanno creduti sulla parola**" (Procedura penale.* 7ª ed. Milano: A. Giuffrè, 2003, p. 621, nº 64.19. Grifos nossos).

[6] Cf. **AP nº 465-DF**, Pleno, rel. Min. Carmen Lucia, j. 24.04.2014, DJe 29.10.2014; **HC nº 90.708**, 1ª Turma, rel. Min. Sepúlveda Pertence, j. 20.03.2007, DJ 13.04.2007, *RTJ 203/282*; **HC nº 74.368**, Pleno, rel. Min. Sepúlveda Pertence, j. 01.07.1997, DJ 28.11.1997; **HC nº 81.172**, 1ª Turma, rel. Min. Sepúlveda Pertence, DJ 07.03.2003; **RHC nº 81.740**, 1ª Turma, rel. Min. Sepúlveda Pertence, j. 11.06.2002, DJ 22.04.2005.

[7] Cf. **AP nº 470-7º AgR-DF**, Pleno, rel. Min. Joaquim Barbosa, sessão de 02.10.2009, DJe 22.04.2013, *RTJ 225/11*; **RHC nº 116.108-RJ**, 2ª Turma, rel. Min. Ricardo Lewandowski, j. 01.10.2013, DJe 16.10.2013; **AP nº 898-SC**, Pleno, rel. Min. Teori Zavascki, j. 12.04.2016, DJe 12.05.2016.

H. Não bastassem argumentos tão cabais, apoiados na sólida jurisprudência da Suprema Corte, na esteira, aliás, de imperturbável doutrina,[8] para demonstrar a ausência absoluta de fundamento para sentença condenatória, não seria muito que se ponderasse uma última razão, reveladora da aporia de visão contrária.

É que sabe toda a gente que o delito tipificado no art. 333, *caput* e § único, do Código Penal, se consuma no ato de oferecimento ou promessa, independendo de entrega da vantagem indevida. Donde, se tal ato não é provado pela acusação, seria rematado despropósito jurídico que, contra todos os princípios, se exigisse ao denunciado provar que o não praticou, pois, nessa hipótese, se teria de, entre outras críticas irrespondíveis, dar inteira razão à conhecida *Glosa de Accursio*, a de que é *diabólica* a prova negativa e, como tal, impossível (*diabolica probatio*). Como poderia JIP dar prova de que não ofereceu, nem prometeu vantagem indevida aos corréus, sobretudo quando estes o negam em juízo?

I. Não tem nenhum significado jurídico, por fim, a velha objeção de que é muito dificultoso, senão até inviável, colher prova de certos delitos, que se não perpetram *coram populo*, pois esse obstáculo real, imanente às vicissitudes da experiência, de modo algum ab-roga princípios consolidados da concepção do Estado Democrático de direito, nem, muito menos, normas constitucionais[9] que, configurando-o no plano das garantias individuais, não toleram, sob nenhum pretexto, **condenação criminal sem prova**, que é a hipótese a que se reduziria, no caso da consulta, eventual e surpreendente sentença condenatória de JIP, pelo delito imputado de corrupção ativa.

4. Conclusão

J. Do exposto, respondendo que denominada prova indiciária, substanciada em interceptação de conversas telefônicas travadas entre terceiros (corréus), não pode, exclusiva ou isoladamente, servir de fundamento para

---

[8] V., por todos, **Lopes Jr.**, **Aury**. *Direito processual penal*. 9ª ed. SP: Saraiva, 2012, pp. 329-341, nº 7, onde bem distingue *atos de investigação*, que não geram **prova** em sentido estrito, como afirmamos, e *atos de prova*, os que a produzem sob amparo das garantias constitucionais e legais.

[9] Não é inédita, mas fracassada, certa tendência de, sob pressão da opinião pública, forçar o réu a provar a inocência, como se deu na Itália, em 1992, em lei declarada inconstitucional (cf. **Delmas-Marty, Mireille, et alius**. *European criminal procedure*. Cambridge University Press, 2002, p. 599).

condenação, quando não ratificada em juízo, nem corroborada por qualquer prova, produzida sob o crivo do contraditório judicial, estamos em que, nos limites das informações, ***não há nenhuma prova*** para condenação de JIP, pelo delito previsto no art. 333, § único, do Código Penal.

É o que, salvo melhor juízo, nos parece.

Brasília, 1º de setembro de 2017.

7
Associação Criminosa. Extinção de Punibilidade de Crime Tributário

1. CRIME. Associação criminosa. Atipicidade. Contrato de patrocínio de evento supostamente cultural, com evasão de tributo. Pacto ocasional, isolado e transitório. Inexistência de concerto estável e permanente para prática de série de crimes indeterminados. Inteligência do art. 288 do CP. *À míngua de estabilidade e permanência em concerto de vontades para cometer pluralidade de crimes indeterminados, não tipifica delito de associação criminosa, o contrato ocasional e isolado de patrocínio de evento supostamente cultural, com evasão de tributo.*

2. CRIME. Estelionato qualificado. Art. 171, § 3º, do CP. Crime tributário. Desvio de incentivo fiscal. Ação de reduzir imposto de renda mediante uso fraudulento de benefício previsto na Lei nº 8.313, de 23 de dezembro de 1991 (*Lei Rouanet*). Conflito aparente de normas entre o art. 3º da Lei nº 7.134, de 26 de outubro de 1983, o art. 2º, inc. IV, cc. 1º, da Lei nº 8.137, de 27 de dezembro de 1990, e art. 40, *caput*, da Lei nº 8.313, de 1991. Incidência teórica deste, por aplicação do critério da especialidade. Pagamento espontâneo do tributo antes da denúncia. Extinção da punibilidade. Aplicação do art. 34 da Lei nº 9.249, de 26 de dezembro de 1995, e do art. 9º, § 2º, da Lei nº 10.684, de 30 de maio de 2003. Jurisprudência do STF. Falta de justa causa à ação penal. *Incidindo, no conflito aparente de normas, o tipo especial do art. 40, **caput**, da Lei Rouanet, o pagamento do tributo (imposto de renda), a qualquer tempo, ainda que após o recebimento da denúncia, extingue a punibilidade do crime tributário.*

1. Consulta

A. O ilustre advogado CSV dá-nos a honra de consulta sobre a sorte de habeas corpus que, em favor de JSD, impetrou ao Tribunal Regional Federal da 3ª Região, para ver trancada, por falta de justa causa, ação penal proposta, entre outros, contra seu paciente, acusado de violação aos arts. 288 e 171, § 3º, do Código Penal. As imputações fundam-se em que teria o paciente, como sócio-diretor do escritório ARB Sociedade de Advogados, firmado com empresa do Grupo BC, sob a égide da Lei federal nº 8.313, de 1991, um contrato de patrocínio de espetáculo teatral que, figurado em evento exclusivo para os funcionários, em comemoração ao 68º aniversário do escritório, se deu, pois, em caráter fechado, sem a conotação cultural que o isentaria do pagamento do imposto sobre renda, ilicitamente não recolhido em data oportuna, em conluio com integrantes daquele Grupo e em dano à União. Sustenta o impetrante, em suma, que os fatos descritos seriam atípicos, porque se não caracterizaria o delito de associação criminosa, em tendo sido única e circunstancial a evasão do tributo, a qual poderia apenas tipificar crime tributário, cuja punibilidade estaria extinta à vista do seu integral pagamento antes da denúncia, donde carecer a ação penal de justa causa.

Estamos em que lhe assiste inteira razão.

2. Os Termos Substanciais da Denúncia

B. Por dar-lhe com a claridade que emana, em linha reta, dos próprios termos relevantes da denúncia, convém transcrevê-los:

> "A empresa ARB Sociedade de advogados de são Paulo – foi uma das pessoas jurídicas que, segundo revelaram as interceptações telemáticas, firmou um contrato de patrocínio com o Grupo BC.
>
> Por meio deste, a empresaria aportaria a quantia de R$210.000,00 no Pronac nº 0154771 intitulado 'Celebração Musical', tendo como proponente a RE EIRELI. Em contrapartida, a empresa receberia um evento privado para seus clientes e funcionários com um *stand up* do FP.
>
> Em um anexo colhido junto a um dos e-mails interceptados, foi localizado um contrato, por meio do qual restou evidenciado à empresa patrocinadora que os recursos a serem utilizados em seu evento são oriundos da Lei Rouanet.
>
> (...)
>
> Tal evento privado deu-se no dia 07/04/16 no Teatro Net em São Paulo e teve como objeto a comemoração dos 68 anos da existência dessa empresa.

Na parte da manhã, foi realizado, no mesmo local, um simulacro de realização do Pronac n. 154771 intitulado 'Celebração Musical'. Porém, em verdade, tratou-se de um evento fechado, no qual foram levadas algumas pessoas de entidades sociais pelo Grupo B para apresentação de provas em futura prestação de contas da suposta realização do referido Pronac, em mais um ato de simulação de execução de projeto cultural.

(...)

Segundo informações prestadas pela Receita Federal, a ARB, a despeito da não execução do projeto cultural tal como concebido e além da contrapartida ilícita recebida, efetivamente deduziu do seu Imposto de Renda a quantia que nele aportara.

(...)

Daí remata a denúncia:

"As provas colhidas revelaram-se contundentes, no sentido de que o proprietário da empresa ARB atuou com dolo, consciência e vontade na contratação de contrapartida sem aporte algum em projeto cultural que, efetivamente tivesse sido aprovado pelo Minc.

Por esta razão, pelo conluio com integrantes do Grupo B na contratação de contrapartidas ilícitas e pelo conhecimento da fraude na execução do Pronac contratado, incidiu **JSD** na prática de associação criminosa estelionato contra a União, a despeito do recolhimento, pelo escritório, do valor de R\$265.629,00, a título de imposto de renda, vez que (*sic*), conforme já acima ressaltado, os ilícitos ora denunciados vão muito além da prática de sonegação fiscal."[1]

C. Sem nenhum risco de erro, pode dizer-se, então, que a substância jurídica da denúncia, escoimada de relatos históricos e ornamentais sem relevo, está em atribuir ao paciente a prática dos delitos previstos nos arts. 228 e 171, § 3º, do Código Penal, porque, em nome da sociedade de advocacia, avençou um único contrato de patrocínio de espetáculo de teatro, em âmbito privado e, portanto, sem cunho de incentivo à cultura, sob amparo da Lei federal nº 8.313, de 23 de dezembro de 1991, conhecida como Lei Rouanet, deduzindo o valor contratual à base de cálculo do imposto de

---

[1] Fls. 3214-3219. Há sublinhados no original.

renda, quando não podia tê-lo feito, não obstante tivesse recolhido, ao depois, o tributo, antes da denúncia.

D. Do seu texto e contexto, tiram-se alguns fatos incontroversos e decisivos.

Em nome da patrocinadora, o advogado ora paciente celebrou um único negócio jurídico com empresa pertencente ao GBC, sob amparo da Lei nº 8.313, de 1991, para promoção de evento privado, comemorativo do 68º aniversário do conhecido escritório de advocacia, do qual é sócio diretor, sem ter tido, antes ou depois, qualquer relação ou contato com pessoas do mesmo grupo (***a***). Não consta, por consequência, descrição de nenhuma forma de ajuste, entre eles, para realização de espetáculo semelhante, nem para prática de ato doutra natureza, capaz de revestir-se de ilicitude (***b***). Os serviços e custos do evento não representaram, nem importaram contrapartida ilícita da empreendedora, que, promovendo-o, se limitou a prestar os serviços acordados na forma contratual, a despeito de, nisto, ter concorrido para a evasão tributária (***c***). E o dano advindo à União circunscreveu-se à falta de recolhimento oportuno do tributo, que, exigível em razão do cunho estritamente privado do espetáculo, não destinado a difusão, nem a fomento da cultura, objeto dos favores fiscais da Lei Rouanet, foi pago antes da denúncia. De modo que, para além da evasão fiscal, temporariamente benéfica à patrocinadora, nenhum dos contraentes, nem o paciente *a fortiori*, se aproveitou de uso fraudulento de outros recursos públicos, que, por esta razão mesma, não estão, nem poderiam estar identificados na denúncia (***d***).

3. Da Atipicidade da Imputação de Associação Criminosa

E. É nítida a atipicidade do libelo de infração ao art. 288 do Código Penal, que, na redação introduzida pela Lei nº 12.850, de 12 de agosto de 2013, não deixa a mais tênue sombra de dúvida de que só se lhe aperfeiçoa o tipo descrito no *caput*, quando provada a existência de concerto entre três ou mais pessoas para **o fim específico** de cometer pluralidade de crimes indeterminados, ou seja, de projeto de prática de atividades criminosas permanentes. Não o configura mero acordo circunstancial para comissão de um único e determinado crime.

Era o que, na objetividade, já estava na redação anterior, sob a qual então se definia, com insuperável precisão, quadrilha ou bando como *"reunião estável ou permanente (que não significa **perpétua**), para o fim de perpetração de* *uma indeterminada séria de crimes.* **A nota de estabilidade ou permanência é essencial.** *Não basta, como na 'co-participação criminosa', um ocasional e transitório concerto de vontades para* **determinado** *crime: é preciso que o acordo verse sobre uma duradoura atuação em comum."*[2]

E não o configura ajuste circunstancial, não apenas porque afrontaria a natureza dogmática da figura, hoje denominada associação criminosa, atentatória à paz pública, que é o bem jurídico protegido (crime de *perigo abstrato*), mas também porque borraria a distinção conceitual do concurso de pessoas (art. 29, *caput*, do Código Penal), desatando verdadeira aporia normativa.[3]

Neste passo não foi sutil o equívoco da magistrada informante, a qual confundiu o caráter formal do delito, que se consuma com a só prática da ação típica de se associarem, de modo estável, mais de três pessoas para cometer crimes, independentemente da comissão de um deles, com a crucial circunstância da espécie, onde o contrato de patrocínio em apreço envolveu pacto ocasional, isolado e transitório, que ensejou a prática hipotética de um só crime, bem individualizado, ao propósito da realização de evento único, pontual e passageiro, destinado à comemoração de aniversário de fundação do escritório de advocacia. Não o indica a denúncia, nem se descobre aí o mais remoto indício de associação estável para atividades criminosas permanentes! E, por vê-lo nítido, não precisa senão ler a denúncia.

6. Da Atipicidade da Acusação de Estelionato Qualificado

F. Não é menos ostensiva a atipicidade da segunda acusação.

Sua imediata percepção provém da análise de sucessão normativa, a partir do disposto no art. 3º da Lei federal nº 7.134, de 26 de outubro de 1983, o qual prescrevia que a particular conduta de ilícito tributário con-

---

[2] **HUNGRIA, Nelson.** *Comentários ao código penal.* RJ: Forense, 1958, vol. IX, pp.177-178, nº 89. Grifos nossos e do original.

[3] **HUNGRIA** já o enfatizara no STF, em voto no HC nº 34.088: "... *não há confundir o crime de quadrilha ou bando com a participação criminosa ou excluí-lo quando algum crime subsequente seja qualificado pelo concurso de agentes. A quadrilha ou bando é crime* **per sè stante**, *consistente no associarem-se mais de três pessoas,* **não acidentalmente**, *para a prática de um crime determinado, mas* **estável ou permanentemente** *para a prática de crimes não previamente determinados ou individuados. Tanto não se identifica coma participação criminosa que, enquanto por ele respondem todos os associados, já pelo crime efetivamente praticado, dentro do plano genérico da associação, respondem tao-somente os respectivos agentes."* (*Op. cit.*, p. 180, nota nº 6. Grifos nossos e do original).

sistente em **desvio** de recursos oriundos de incentivo fiscal, inscrita no art. 1º, sob cominação de penas administrativas, previstas no art. 2º, poderia ficar também sujeita às sanções do art. 171 do Código Penal. Tal norma foi, no entanto, derrogada pela Lei nº 8.137, de 27 de dezembro de 1990, a qual definiu crime tributário (contra a ordem tributária), porque esse delito de **desvio**, compreendido entre as ações múltiplas do art. 1º, *caput*, foi revisto e tipificado, expressamente, no art. 2º, inc. IV, como ação de suprimir tributo, na modalidade de deixar de aplicar ou aplicar, em desacordo com a lei, **incentivo fiscal**.

E, apertando a especificidade da hipótese em que o recurso do incentivo decorra de projeto cultural nela disciplinado, objeto singular da técnica adotada de extrafiscalidade, a Lei nº 8.313, de 1991, no art. 40, *caput*, deu novo contorno ao tipo de desvio de incentivo fiscal que se traduza em ação de *reduzir o imposto de renda mediante uso fraudulento de qualquer benefício da mesma lei*.

G. Seria este o único crime em que poderia ter incorrido o paciente.

É que, a toda evidência, se está diante de *conflito aparente de normas*, que se resolve, no caso, por aplicação do critério da **especialidade**, segundo o qual *"a lei ou disposição de lei especial prepondera sobre a lei ou disposição de lei geral"*, até porque, no *"concurso aparente de leis, a ação só corresponde realmente a um tipo penal; há um crime só e somente uma lei aplicável ao caso"*.[4]

O que, no confronto das normas penais, corporifica a especialidade, é a presença, na conformação do tipo especial (*Tatbestand* ou *fattispecie* abstrata), de elemento ou elementos jurídicos ou factuais que a lei, para impor maior ou menor severidade punitiva, acrescenta ou reduz ao tipo geral, relativo à mesma classe de objeto normado. Ora, escusa muita acuidade intelectual para perceber, logo, à acareação dos tipos penais, que, em relação ao disposto no art. 171, § 3º, do Código Penal, até então aplicável *ex vi* do art. 3º da Lei federal nº 7.134, de 1983, ora derrogado, são, sucessiva e crescentemente, *especiais* os tipos constantes do art. 2º, inc. IV, cc. art. 1º, da Lei nº 8.137, de 1990, e do art. 40, *caput*, da Lei nº 8.313, de 1991.

Seria fraqueza de espírito demonstrar que ao conceito **genérico** de crime consistente em obter, para si, vantagem ilícita, em dano da União, mantendo-a em erro mediante artifício fraudulento (art. 171, § 3º, do Código Penal), onde caberia qualquer ação de sonegação fiscal *lato sensu*,

---

[4] **Bruno**, Aníbal. *Direito penal – parte geral.* 2ª ed. Rio: Forense, 1959, I, tomo 1º, p. 261 e 260.

foram **acrescidas**, no suporte fático das duas normas ulteriores, a particularidade factual de a sonegação dar-se por desvio de recursos provenientes de incentivo fiscal não especificado (art. 2º, inc. IV, cc. art. 1º, da Lei nº 8.137, de 1990) e, depois, a de dar-se mediante desvio de recursos oriundos, não de qualquer incentivo fiscal, senão dos previstos à difusão da cultura (art. 40, *caput*, da Lei nº 8.313, de 1991). Há, no quadro, evidentíssima progressão de especialidade normativa na repressão a crimes contra o erário e, em cuja moldura, ao art. 171, § 3º, do Código Penal, ficou mera função normativa **residual** ou **subsidiária**, no exato sentido de que, concretizado seu suporte fático, incide apenas onde não incida o art. 2º, inc. IV, cc. art. 1º, da Lei nº 8.137, de 1990, ou o art. 40, *caput*, da Lei nº 8.313, de 1991, que é de especialização ainda mais estreita.

H. *In casu*, incidiria, pois, tão só o art. 40, *caput*, da Lei nº 8.313, de 1991.

Mas não incide por óbvia e poderosa razão, porque, supondo-se, em pura epítrope, estivessem satisfeitos todos os requisitos do tipo penal, sobretudo sua vertente do *injusto*, dificilmente recognoscível em termos do dolo pressuposto, no contexto histórico em que, sem outra atuação, o paciente se limitou a assinar o contrato, de cujas tratativas não participou, está **extinta a punibilidade**, à vista do pagamento espontâneo do tributo devido, antes da denúncia, na precisa forma do art. 34 da Lei nº 9.249, de 26 de dezembro de 1995, e do art. 9º, § 2º, da Lei nº 10.684, de 30 de maio de 2003, o qual, dando nova disciplina aos efeitos penais do pagamento de tributo, descriminaliza o fato, ainda que esse se efetive após recebimento da denúncia. Foi o que já proclamou o STF, estatuindo que *"o pagamento de tributo, a qualquer tempo, ainda que após o recebimento da denúncia, extingue a punibilidade de crime tributário."*[5]

5. Falta de Justa Causa e Justiça Eficaz

I. Dado o feitio ostensivo dos vícios da denúncia, este caso remete-nos logo à questão do *abuso do poder* de instaurar ação penal e entronca-se nas exigências constitucionais do justo processo da lei (*due process of law*), pois tais vícios implicam grave injúria à dignidade da pessoa humana, que o princípio visa a tutelar, em evitando a **dor moral** de responder a processo injusto na sua origem.

---

[5] **HC nº 81.929-RJ**, 1ª Turma, vu., rel. p/ac. Min. Cezar Peluso, j. 16.12.2003, DJ 27.02.2004.

É que a pendência de processo penal constitui, em si mesma, carga e signo social altamente negativos, tanto mais negativos, quanto mais exposta ao público a profissão do réu, como a do paciente, **advogado inatacável**, sócio-diretor de prestigioso escritório de advocacia: o acusado padece o processo penal.[6] Prenhe de simbolismos, produz efeitos indeléveis sobre quem responde a acusação formal, ainda quando esta venha a resultar em definitiva sentença absolutória.

No processo civil, o que está em risco quanto à pessoa do réu é apenas a esfera de *liberdade jurídica*. O réu do processo civil defende-se tão só para resguardar o conjunto de direitos subjetivos e de poderes em que se resolve essa liberdade, evitando seja degradada, diminuída ou restringida por efeitos de eventual sentença favorável ao autor. Sua posição processual básica consiste, pois, em tentar forrar-se a decisão que lhe venha, de algum modo danoso, a atingir o espaço da liberdade jurídica. No processo penal, contudo, está em jogo a *liberdade física* do acusado, vista e tutelada como um dos mais transcendentes e sensíveis direitos da personalidade. Daí a substancial diferença normativa quanto à disciplina, entre outros temas, da incoação de ambos os processos. O processo civil pode legitimamente iniciar-se sem particular gravame, ainda quando seja inconsistente a pretensão; o processo penal, todavia, esse já não o pode, porque lho impedem, nos termos da lei, as consequências, que são outras e graves.

A pendência do processo penal implica ao réu pesadas consequências, assim do ângulo prático, como teórico. A despeito da garantia constitucional da proibição de prévia consideração de culpabilidade,[7] a só pendência do processo penal representa sempre, perante a sociedade, um estigma, um sinal infamante, reconhecido como tal, e não apenas por preconceito. O processo criminal, nesse sentido, constitui palco das chamadas *"cerimônias degradantes"*, porque tem por definição e objeto a apuração da acusação de um fato ou ato que, por ser crime em tese, é, ainda nessa condição hipotética, sempre abjeto do ponto de vista do seu significado ético e social. Assim, sobre atingir, em potência, o *status libertatis* do cidadão acusado, atinge-lhe, em ato, sobretudo o ***status dignitatis***, tanto mais agudamente,

---

[6] **PITOMBO, Sérgio Marcos de Moraes**. *Inquérito policial: exercício do direito de defesa. Boletim do Instituto Brasileiro de Ciências Criminais*, São Paulo, ano 7, n. 83, edição especial, p. 14, out. 1999. No mesmo sentido, cf. **MOURA, Maria Thereza Rocha de Assis**. *Justa causa para a ação penal: doutrina e jurisprudência*. São Paulo: Revista dos Tribunais, 2001, p. 246.

[7] Art. 5º, inc. LVII, da Constituição da República.

quanto maior lhe seja o senso íntimo do valor próprio e da injustiça da acusação e a exposição na sociedade. É o preço que toda nação civilizada paga pela necessidade de garantir um *"giusto processo regolato dalla legge"*[8] como único meio legítimo de privação da liberdade física dos cidadãos.

Esse desonroso significado ético e social é ainda o substrato da concepção jurídica, segundo a qual o próprio ordenamento considera a mera pendência de processo criminal como autêntica coação ou constrangimento, isto é, como um mal em si. Por vê-lo claro, basta conferir o disposto nos arts. 647 e 648, incs. I e VI, do Código de Processo Penal, cuja conjugação demonstra que a própria lei qualifica como coação ilegal a existência de processo a que falte justa causa. Donde ser a pendência de processo criminal, a *contrario sensu*, também do ponto de vista normativo, constrangimento ou coação,[9] ainda quando ilegal não seja.[10]

Logo, para se exercer e instaurar ação penal, é indispensável juízo rigoroso e fundamentado de controle da legitimidade desse exercício e, perante o qual, não se pode admitir denúncia carente de justa causa, porque falta aí ao Estado a injunção do dever legal de ir a juízo para exercer *ius puniendi*, ou seja, de causa legitimante para exercício da ação penal, como conceito contraditório ao do *abuso de poder*.[11] Daí ter, faz muito, advertido o STF, pelo voto condutor do saudoso Min. Victor Nunes Leal:

> "[...] Como o abuso de poder, pela Constituição, autoriza o habeas corpus, e o Código regula o habeas corpus no pressuposto da coação ilegal, daí resulta que os casos de abuso de poder ficam transformados, pelo Código, em casos também de ilegalidade stricto sensu. Não é, pois, a ilegalidade que define o abuso de poder, é o abuso de poder que se insere na categoria da ilegalidade."[12]

---

[8] Com consta, expressivamente, do art. 111, *primo comma*, da vigente Constituição italiana.

[9] **PITOMBO, Sérgio Marcos de Moraes.** *Breves notas em torno da coação processual penal. Ciência penal.* São Paulo: Bushatsky, 1973, vol. I, p. 107-110.

[10] A propósito, cf. nosso longo voto vencedor no STF, **INQ nº 2.033-DF**, Pleno, rel. Min. Nelson Jobim, j. 16.06.2004, DJ de 17.12.2004.

[11] Muito antes de a Lei nº 11.719, de 20 de junho de 2008, incluir, no art. 395, III, do CPP, a **justa causa** como uma das condições da ação penal, a doutrina e a jurisprudência já haviam assentado que *"um mínimo de 'fumaça do bom direito' há de exigir-se, para que a acusação seja recebida e se dê prosseguimento ao processo"* (**GRINOVER, Ada Pellegrini. In**: *Doutrinas essenciais de processo penal - teoria geral do processo penal.* Guilherme de Souza Nucci e Maria Thereza Rocha de Assis Moura (org.). São Paulo: Ed. RT, 2012, p. 981).

[12] STF, Pleno, **HC nº 42.697-GB, in** *RTJ vol. 35, p. 530.*

Para instauração legítima de ação penal, deve, portanto, haver justa causa, no sentido de que não basta a suspeita da ocorrência de delito. É preciso mais. É preciso, desde logo, sejam **típicos** e **puníveis** os fatos descritos na denúncia. A racionalidade normativa dessa exigência é translúcida: evitar ação temerária e irresponsável do Estado, que inquiete o cidadão com instauração de processo penal destituído de causa legítima. A todo custo, cumpre à Jurisdição coibir semelhante *abuso de poder*, como, no precedente citado, inculcou o Min. Victor Nunes Leal:

> "Ora, formular uma acusação, de que resulte um processo penal, sem que haja os pressupostos de direito, como também os pressupostos de fato, para a ação penal, é caso, sem dúvida, de uso irregular do poder de denúncia, embora nem sempre fácil de demonstrar, porque o poder de denúncia não existe para atormentar as pessoas, para criar dificuldade aos seus negócios, para cercear sua liberdade de locomoção; a denúncia é um instrumento confiado ao Ministério Público" - isto vale para queixa – "para fazer atuar a lei penal, para defender a sociedade contra os criminosos, para reprimir os crimes que tenham sido cometidos."[13]

Ora, os fatos atribuídos ao paciente, viu-se, são manifestamente atípicos, e o que poderia tipificar-se, é agora impunível.

6. Conclusão

J. Do exposto, estamos em que não pode a ação penal prosseguir contra JSD, à falta exuberante de **justa causa** (art. 395, III, cc. art. 648, I, do Código de Processo Penal), cognoscível em habeas corpus.

É o que, salvo melhor juízo, nos parece.

Brasília, 25 de janeiro de 2018.

---

[13] **HC nº 42.697-GB, in** *RTJ vol. 35, p. 531.*

8
Denúncia e Prova Mínima do Fato

AÇÃO PENAL. Denúncia. Acusação do delito de corrupção ativa. Art. 333, § único, cc. art. 29, ambos do CP. Inépcia caracterizada. Inexistência de prova mínima. Peça fundada exclusivamente em frase captada em interceptação de diálogo telefônico entre terceiros, sobre futura conversa com o denunciado. Falta de interrogatório deste no inquérito policial. Inexistência de indício da materialidade do fato e da autoria. Abuso do poder de denunciar. Falta de justa causa à ação penal. Inteligência do art. 239 do CPP. *Não há justa causa para a instauração de persecução penal, se a acusação não tiver, por suporte legitimador, elementos probatórios mínimos que possam revelar, de modo satisfatório e consistente, a materialidade do fato delituoso e a existência de indícios suficientes de sua autoria. Ação penal não pode transformar--se em inquérito policial.*

1. Consulta
A. Os ilustres advogados JCD e LFSCF dão-nos a honra de consulta sobre a inexistência de justa causa para ação penal instaurada, dentre outros, contra seu cliente, JYS, mediante denúncia que atribuiu prática do delito previsto no art. 333, § único, cc. art. 29, ambos do Código Penal, alegando, em suma, que, por ordem do denunciado, JIP teria, como diretor da JSAR S.A., empresa do grupo *S*, procurado bando criminoso do CARF para, mediante oferta de propina de alto valor, obter decisão favorável à empresa em três procedimentos administrativos fiscais. JIP não teria autonomia para decidir sozinho sobre tal acerto, que só se concretizara depois

de ter logrado aprovação do *"pessoal"*, que, presumindo-se seja o acusado JYS, detentor da maioria do capital social do grupo, prometeu consultar, quando retornasse do exterior, como retornou a São Paulo dois dias após. A despeito de intervenção espontânea de JYS, não ouvido no inquérito, nem mencionado no relatório de conclusão, haver arguido falta de justa causa à sua denúncia, foi esta recebida pelo Juízo, sob curto fundamento de que, em face da circunstanciada exposição dos fatos e das descrições de condutas em correspondência aos documentos constantes do inquérito, haveria *"prova da materialidade e indícios da autoria delitiva"*.

Estamos em que, com o devido respeito, não os há.

2. Dos Sucintos Termos da Denúncia Questionada

B. Da longa denúncia constam, em relação a JYS, a quem não imputou nenhum ato específico, cuja necessária descrição circunstanciada lhe poderia garantir exercício pleno do direito constitucional de defesa, brevíssimas referências *indiretas* que, sem nenhum prejuízo à sua compreensão, se resumem a que teria autorizado o acerto da corrupção proposta por JIP, uma vez que, sem existência de qualquer prova material da autorização, esta deveria ser inferida à só condição de mero diretor da empresa, exercida pelo proponente, que, sem autonomia para decidir a respeito, teria dito, segundo diálogo telefônico interceptado **entre terceiros**, que *"ia conversar com o **pessoal** e que semana que vem muito provavelmente já teria uma posição"*. A palavra *"pessoal"*, no contexto, só poderia significar, na visão da denúncia, JYS, que, como titular da maioria do capital social das empresas do grupo econômico, era o único com poder decisório em matéria que envolvia elevada soma de dinheiro, de modo que haveria de presumir-se a autorização, porque, estando fora do país, *"retornou dois dias após"* a declaração de JIP, muito embora a denúncia reconheça que JYS *"passava à época mais tempo fora do Brasil do que aqui"*, donde esteve ausente por cento e cinquenta e um dias no segundo semestre de 2014.

C. Nada mais de relevo para a consulta contém, ao propósito, a denúncia, a qual não vem instruída de nenhum outro elemento probatório, mínimo que seja, *para além daquela frase genérica de outro denunciado que não o próprio JIP*, até porque, e este dado é de conspícua importância jurídica, JYS não foi investigado, ouvido, nem indiciado no inquérito, nem foi, por conseguinte, tampouco mencionado no relatório policial que o concluiu, quando poderia o representante do Ministério Público ter requerido sua oitiva e, até, eventual indiciamento, ou outras providências, se reputasse curial colher alguma prova que indicasse responsabilidade de quem nem sequer aparecia como suspeito nas profundas investigações a que se procedeu.

3. Do Requisito de Justa Causa à Admissibilidade da Ação Penal

C. Este caso remete-nos logo à questão do *abuso do poder* de instaurar ação penal e entronca-se nas exigências constitucionais do justo processo da lei (*due process of law*), pois tal vício importa grave injúria à dignidade da pessoa humana, que o princípio visa a tutelar, em evitando a ***dor moral*** de responder a processo injusto na sua origem.

É que a pendência de processo penal constitui, em si mesma, carga e signo social altamente negativos; o acusado padece o processo penal.[1] Carregado de simbolismos, produz ele efeitos indeléveis em quem responde a acusação formal, ainda quando esta venha a resultar em definitiva sentença absolutória.

No processo civil, o que está em risco quanto à pessoa do réu é apenas a chamada esfera de *liberdade jurídica*. O réu do processo civil defende-se tão só para resguardar o conjunto de direitos subjetivos e de poderes em que se resolve essa liberdade, evitando seja degradada, diminuída ou restringida por efeitos de eventual sentença favorável ao autor. Sua posição processual básica consiste, pois, em tentar forrar-se a decisão que lhe venha, de algum modo danoso, a atingir o espaço da liberdade jurídica. No processo penal, contudo, está em jogo a *liberdade física* do acusado, vista e tutelada como um dos mais transcendentes e sensíveis direitos da personalidade. Daí a substancial diferença normativa quanto à disciplina, entre outros temas, da incoação de ambos os processos. O processo civil pode legitimamente iniciar-se sem particular gravame, ainda quando a petição inicial esteja desacompanhada de prova dos fatos fundantes da pretensão deduzida pelo autor, salvas as exceções dos chamados documentos substanciais; o processo penal, todavia, esse já não o pode, porque lho impedem, nos termos da lei, as consequências, que são outras e graves.

A pendência do processo penal implica ao réu pesadas consequências, assim do ângulo prático, como teórico. A despeito da garantia constitucio-

---

[1] **PITOMBO, Sérgio Marcos de Moraes**. *Inquérito policial: exercício do direito de defesa. Boletim do Instituto Brasileiro de Ciências Criminais*, São Paulo, ano 7, n. 83, edição especial, p. 14, out. 1999. No mesmo sentido, cf. **MOURA, Maria Thereza Rocha de Assis**. *Justa causa para a ação penal: doutrina e jurisprudência*. São Paulo: Revista dos Tribunais, 2001, p. 246.

nal da proibição de prévia consideração de culpabilidade,[2] a só pendência do processo penal representa sempre, perante a sociedade, um estigma, um sinal infamante, reconhecido como tal não apenas por preconceito. O processo criminal, nesse sentido, constitui palco das chamadas *"cerimônias degradantes"*, porque tem por definição e objeto a apuração da acusação de um fato ou ato que, por ser crime em tese, é, ainda nessa condição hipotética, sempre abjeto do ponto de vista do seu significado ético e social. Assim, sobre atingir, em potência, o *status libertatis* do cidadão acusado, atinge-lhe, em ato, sobretudo o **status dignitatis**, tanto mais agudamente, quanto maior seja o senso íntimo de valor próprio e sua exposição na sociedade. É o preço que toda nação civilizada paga pela necessidade de garantir um *"giusto processo regolato dalla legge"*[3] como único meio legítimo de privação da liberdade física dos cidadãos.

Este desonroso significado ético e social é ainda o substrato da concepção jurídica, segundo a qual o próprio ordenamento considera a mera pendência de processo criminal como autêntica coação ou constrangimento, isto é, como um mal em si. Por vê-lo claro, basta acarear o disposto nos arts. 647 e 648, incs. I e VI, do Código de Processo Penal, cuja conjugação demonstra que a própria lei qualifica como coação ou constrangimento ilegal a existência de processo a que, p. ex., falte justa causa. Donde a pendência de processo criminal é, a *contrario sensu*, também do ponto de vista normativo, constrangimento ou coação,[4] ainda quando ilegal não seja.[5]

Logo, para se exercer e instaurar ação penal, é indispensável juízo rigoroso e fundamentado de controle da legitimidade desse exercício e, perante o qual, não se pode admitir denúncia inquinada de falta de justa causa, porque falta aí ao Estado a injunção do dever legal de ir a juízo para exercer *ius puniendi*, ou seja, causa legitimante para exercício da ação penal, como conceito contraditório ao do *abuso de poder*.[6] Daí ter, faz muito, adver-

---

[2] Art. 5º, inc. LVII, da Constituição da República.

[3] Com consta, expressivamente, do art. 111, *primo comma*, da vigente Constituição italiana.

[4] **Pitombo, Sérgio Marcos de Moraes**. *Breves notas em torno da coação processual penal. Ciência penal*. São Paulo: Bushatsky, 1973, vol. I, p. 107-110.

[5] A propósito, cf. nosso longo voto vencedor no STF, **INQ nº 2.033-DF**, Pleno, rel. Min. Nelson Jobim, j. 16.06.2004, DJ de 17.12.2004.

[6] Muito antes da Lei nº 11.719, de 20 de junho de 2008, incluir, no art. 395, III, do CPP, a **justa causa** como uma das condições da ação penal, a doutrina e a jurisprudência já haviam assentado que *"um mínimo de 'fumaça do bom direito' há de exigir-se, para que a acusação seja recebida e se dê prosseguimento ao processo"* (**Grinover, Ada Pellegrini. In:** *Doutrinas essenciais de processo*

DENÚNCIA E PROVA MÍNIMA DO FATO

tido o STF em caso conhecido, pelo voto condutor do saudoso Min. Victor Nunes Leal:

> "[...] Como o abuso de poder, pela Constituição, autoriza o habeas corpus, e o Código regula o habeas corpus no pressuposto da coação ilegal, daí resulta que os casos de abuso de poder ficam transformados, pelo Código, em casos também de ilegalidade stricto sensu. Não é, pois, a ilegalidade que define o abuso de poder, é o abuso de poder que se insere na categoria da ilegalidade.
> Estas considerações são corroboradas pelo inc. I do art. 648 do C. Pr. Pen., que declara ilegal a coação; 'quando não houver justa causa'. Temos, portanto, na Constituição e no Código, interpretados conjuntamente, duas noções de ilegalidade, mais amplas do que a ilegalidade no sentido estrito, de violação de uma norma legal precisa, ou de dispensa de uma formalidade legal específica. Essas noções mais amplas de ilegalidade são o abuso de poder, que a Constituição menciona, e a falta de justa causa, que o Código de Processo Penal acolheu."[7]

Para instauração legítima de ação penal, deve, portanto, haver justa causa, no sentido de que não basta a suspeita da ocorrência de um delito. É preciso mais. É preciso que tal suspeita seja fundada, enquanto tenha, suposta a materialidade de fato típico, mínimo suporte de caráter retórico, figurado em *indícios suficientes da autoria*, como fundamento da verossimilhança da imputação.

É verdade que os indícios podem ser unilaterais, colhidos só pelo Estado, ou pelo particular, porque são provisórios, e, daí, servirem tanto os produzidos em inquérito policial, quanto qualquer outro elemento material pré-constituído. Mas a doutrina e a jurisprudência não deixam nenhuma dúvida acerca da necessidade do que sintetizam como *"conjunto mínimo"*, *"indícios idôneos"*, *"prova mínima"*, *"elementos sérios"*, em resumo, dados de convicção que fundem a suspeita e legitimem a ação penal. E está aí a razão da igual necessidade de que o juízo de recebimento ou de repulsa de denúncia, cuja idoneidade seja contestada, há de ser sempre motivado, posto de modo sumário.

---

penal – teoria geral do processo penal. Guilherme de Souza Nucci e Maria Thereza Rocha de Assis Moura (org.). São Paulo: Ed. RT, 2012, p. 981).

[7] STF, Pleno, **HC nº 42.697-GB**, in *RTJ vol. 35, p. 530*.

Essa, aliás, a aturada jurisprudência da Suprema Corte, da qual basta transcrevemos dois julgados exemplares:

> "A denúncia, neste caso, não se ampara em fatos que a autorizem. É preciso que a narrativa expressa numa denúncia que pretenda apoiar-se, com exclusividade, em inquérito policial, aí encontre lastro em elementos que façam verossímil a acusação. **Ela não pode repousar sobre exercícios meramente especulativos, inspirados por suspeitas que não ostentam sequer o status de indício.** Não é possível permitir que o cidadão venha a padecer de todos os ônus, dissabores e preocupações que inevitavelmente o processo penal acarreta, se não há um motivo bastante para isso."[8]
>
> "Não há justa causa para a instauração de persecução penal, se a acusação não tiver, por suporte legitimador, elementos probatórios mínimos, que possam revelar, de modo satisfatório e consistente, a materialidade do fato delituoso e **a existência de indícios suficientes de autoria do crime**. Não se revela admissível, em juízo, imputação penal destituída de base empírica idônea, ainda que a conduta descrita na peça acusatória possa ajustar-se, em tese, ao preceito primário de incriminação. – Impõe-se, por isso mesmo, ao Poder Judiciário, rígido controle sobre a atividade persecutória do Estado, notadamente sobre a admissibilidade da acusação penal, em ordem a impedir que se instaure, contra qualquer acusado, **injusta situação de coação processual**".[9]

A racionalidade normativa da exigência de elementos mínimos de convicção é translúcida: evitar ação temerária e irresponsável do Estado, que inquiete o cidadão mediante instauração de processo penal, sem causa legítima. A todo custo, cumpre à Jurisdição coibir semelhante *abuso de poder*, como, no precedente já citado, inculcou o Min. Victor Nunes Leal:

> "Ora, formular uma acusação, de que resulte um processo penal, sem que haja os pressupostos de direito, como também os pressupostos de fato, para a ação penal, é caso, sem dúvida, de uso irregular do poder de denúncia,

---

[8] STF, **RHC nº 64.439-PR**, 2ª Turma, rel. Min. Francisco Rezek, j. 10.10.1986, DJ 07.11.1986 Grifos nossos.

[9] STF, Pleno, **INQ nº 1978-PR**, rel. Min. Celso de Mello, j. 13.09.2006, DJe 17.08.2007, e in *RTJ vol. 201, p. 896*. A pertinência dessa ementa parcial está em que, no caso julgado, a denúncia estava baseada, em hipótese análoga à desta consulta, no **depoimento de uma única testemunha**, cuja palavra não desfez a *"dubiedade acerca do assunto"*. Aqui, nem se cuida de depoimento no inquérito (cf. *infra*, cap. IV, nº 5).

embora nem sempre fácil de demonstrar, porque o poder de denúncia não existe para atormentar as pessoas, para criar dificuldade aos seus negócios, para cercear sua liberdade de locomoção; a denúncia é um instrumento confiado ao Ministério Público" – isto vale para queixa – "para fazer atuar a lei penal, para defender a sociedade contra os criminosos, para reprimir os crimes que tenham sido cometidos."[10]

Evidentemente, a ação penal **não pode converter-se em inquérito**, ou seja, em instrumento ou promessa de apuração da autoria ou coautoria da qual não se tenha nem sequer indício. O caso seria de coação absolutamente ilegal, se a ação penal pudesse iniciada sem o severo cumprimento daquela exigência.

D. Por indícios, que tradição pretoriana, não raro sustentada por norma,[11] impõe sejam graves, precisos e coerentes, há de entender-se, à luz do disposto no art. 239 do Código de Processo Penal,[12] que interessa ao caso, a relação lógica pela qual se pode, da prova de fato conhecido, remontar, com base na experiência ou em regras técnicas ou científicas, à existência doutro, específico e ignorado, sem alternativa igualmente admissível. Nesse sentido diz-se:

> *"(a) Se la relazione di due fatti è tale che al primo segua necessariamente il secondo, il quale non possa seguire da nientr'altro che dal primo, la prova dell'uno implica che esista l'altro... (b) Se invece la relazione di **a** e **b** è tale che, dato il primo segua il secondo, il quale peraltro può conseguire anche **a c** o **d**, si capisce come la constatazione di **b** fornisca una símplice probabilità di **a**, la cui misura rispetto alle probabilità antagonistiche di c e a date condizioni è determinabile artitmeticamente."*[13]

Ou seja, nesta segunda hipótese, o fato provado não serve de prova crítica doutro fato desconhecido, a título de indício, porque dele se pode tirar, com igual probabilidade ou, antes, possibilidade lógica, a existência

---

[10] **HC nº 42.697-GB**, in *RTJ vol. 35, p. 531.*

[11] Assim está no art. 2.729 do Código Civil italiano.

[12] Noutro dispositivos, como os arts. 126, 134 e 312, p. ex., a palavra tem conotação algo diversa, pois tende a aludir a prova de força retórica mais tênue, o que, de todo modo, em nada aproveitaria ao caso, no qual a denúncia é absolutamente desamparada de qualquer modalidade de prova. Sobre o tema, cf. ainda nossa antecipação de voto na **AP nº 470-MG**, in *RTJ vol. 225, tomo II, p. 1218-1220.*

[13] **CORDERO, Franco.** *Procedura penale.* 7ª ed. Milano: Giuffrè Ed., 1983, p.935-936.

de fatos diversos, não elimináveis sucessivamente sem intervenção doutro expediente probatório. É o que, em obra refundida, demonstra o mesmo autor com o exemplo prosaico de Carpzov: "*dell'addome feminile ingrossato, poi repentinamente ridotto, le ipotesi sono due: gravidanza o tumore*",[14] coisa que só perícia ou demonstração de parto, como provas ulteriores, podem decidir. Noutras palavras, fato provado que seja plurissignificativo, enquanto base para indução de múltiplas hipóteses possíveis, não constitui *indício suficiente* de uma delas, isto é, não prova *por si* coisa alguma.

4. Da Inexistência Vistosa de Justa Causa

E. Aplicadas tais noções ao caso, é logo de ver-se que a ação penal carece de justa causa em relação a JYS, cuja imputação está amparada na só palavra de **outro denunciado** que não JIP, quando, na sucessão dos fatos objeto do inquérito, declarou a terceiro, por telefone, que JIP "*ia conversar com o* ***pessoal*** *e que semana que vem muito provavelmente já teria uma posição*".

A referência a "*pessoal*" não é sequer *indício de responsabilidade alheia*, pela razão óbvia de que pode significar várias coisas, ou significar coisa nenhuma. Pode expressar, como verdade ou pura mentira, que JIP iria conversar com pessoas da diretoria da empresa, da qual J não faz parte (***a***), ou com outros envolvidos no esquema criminoso (***b***), ou com ninguém, como expediente para ganhar tempo e pensar (***c***). Com apoio em que dado factual provado, a denúncia inferiu, com exclusão gratuita dessas demais hipóteses, estivesse a referir-se a J, que não estava no país, não compunha a diretoria, não gerenciava de fato a empresa, nem teria motivo para se deslocar até São Paulo, quando poderia, se fosse o caso de ser consultado, ter, com comodidade e segurança, chamado JI à Suíça, onde reside e passa boa parte do ano? Só porque, a seu ver, JI não teria poderes para viabilizar a propina? Mas foi ele quem teria tomado a iniciativa de procurar o bando criminoso. Apenas porque J veio ao país dias depois? Ora, é a própria denúncia que admite venha ele esporadicamente ao Brasil, onde estão domiciliados filhos, netos e amigos! E, estando aqui, qual a prova de que se teria encontrado com JI ou, então sujeito este a escuta telefônica, com ele haver conversado por qualquer outro meio? Em que elemento retórico pôde ancorar, como pressuposto da acusação, a pecha de inidoneidade moral de pessoa que, avançada em anos, não registra antecedentes desabonadores,

---

[14] **CORDERO**, Franco. *Procedura penale.* 7ª ed. Milano: Giuffrè Ed., 2003, p. 589-590.

criminais ou não, senão que é respeitado como bem-sucedido banqueiro e empresário, nos círculos financeiros nacionais e internacionais?

F. Não se sabe. E, porque não se sabe, a ilação da denúncia não passa de mera *especulação*, desprovida, por definição mesma, de base ou suporte objetivo que a torne convincente como pretensão de representar, como prova crítico-lógica, a ocorrência de algum evento ou fato (< *factum*), sobretudo quando teve o órgão acusatório oportunidade de, no inquérito, tentar obter indícios do que, sem eles, agora tem como verdadeiro por simples opinião. É que se não procedeu, como o prevê o disposto no art. 6º, inc. V, do Código de Processo Penal, a *interrogatório*, nem a *indiciamento* de JYS, não por descuido da autoridade policial, mas à míngua de razão que o justificasse. Ninguém discute seja indispensável o interrogatório, *"a partir do momento em que se identifica o suposto autor do delito, seja porque consta na notícia-crime ou **porque resulta da investigação**".*[15] A racionalidade dessa regra, reflexo pontual do contraditório, elementar do princípio do devido processo legal, está menos em propiciar eventual indiciamento do que colher informações relevantes de quem, em princípio, está em melhor situação para prestá-las sobre a matéria objeto da *notitia criminis*, *"independentemente do facto de ser ou não culpado."*[16]

Ora, o afã de tentar incriminar pessoa notável, sem antes recorrer a essa providência legal, que permitiria ao ora acusado dar explicações satisfatórias, desencadear investigações ou gerar indícios desfavoráveis que lhe autorizassem indiciamento, comprometeu, irremediavelmente, a admissibilidade da denúncia, que, para revestir-se agora de justa causa, precisaria transformar a ação penal, já instaurada, em inconcebível *inquérito policial*.

5. Conclusão

F. Do exposto, estamos em que não pode a ação penal prosseguir contra JYS, à falta exuberante de **justa causa** (art. 395, III, cc. art. 648, I, do Código de Processo Penal). É o que, salvo melhor juízo, nos parece.

Brasília, 2 de maio de 2016.

---

[15] **Lopes Jr.**, **Aury**. *Sistemas de investigação preliminar no processo penal*. 3ª ed. RJ: Lumen Juris, 2005, p. 303. Grifos nossos. *Idem*, **Bonfim**, **Edilson Mougenot**. *Código de processo penal anotado*. 4ª ed. SP: Saraiva, 2012, p. 68.

[16] **Dias**, **Jorge de Figueiredo**. *Direito processual penal*. 1ª ed. 1974, reimp.. Coimbra: Coimbra Ed., 2004, p. 440.

9
Abertura de Inquérito Contra Titular de Foro Especial. Denúncia Anônima

1. INQUÉRITO POLICIAL. Abertura contra prefeito municipal por condutas delituosas inespecífica contra a administração pública. Iniciativa da autoridade policial, sem provocação, nem conhecimento da Procuradoria da Justiça e do Judiciário. Inadmissibilidade. Titular de prerrogativa de foro ou foro especial. Necessidade de provocação do Ministério Público e supervisão da autoridade jurisdicional. Nulidade consequente, pronunciável em *habeas corpus*. Aplicação do art. 108, I, "a", cc. arts. 109, IV, e 29, X, da CF, e da súmula 702 do STF e súmulas 208 e 209 do STJ. *Não está a autoridade policial autorizada a abrir, de ofício, inquérito policial para investigar a prática de delitos atribuíveis a pessoa detentora de prerrogativa de foro, nem tampouco a desenvolvê-lo sem supervisão jurisdicional, exigível desde o início, sob pena de nulidade do procedimento.*

2. INQUÉRITO POLICIAL. Instauração com base exclusiva em *notitia criminis* representada por denúncia anônima, ou apócrifa. Inadmissibilidade. Insulto à proibição constitucional do anonimato, reproduzida em várias normas do escalão infraconstitucional. Nulidade que se estende a todos os consequentes elementos instrutórios e demais atos procedimentais, inclusive denúncia e eventual ato decisório. Invalidez da decisão cautelar de afastamento do cargo. Aplicação da teoria da nulidade por derivação, ou, dos frutos da árvore envenenada (*fruits of the poisonous tree*). Aplicação do art. 5º, IV e LIV, da CF. Jurisprudência do STF. *Não se admite notícia-crime veiculada por meio de denúncia anônima, que é não é meio hábil para embasar, por si só, a instauração de inquérito policial, nem medidas restritivas de direitos fundamentais, e cuja ilicitude se comunica às demais provas e a todos os atos*

processuais, inclusive a denúncia, que, embora sem outros vícios invalidantes, daquela decorram em termos de causalidade jurídica, ou seja, todas as subsequentes provas e atos heterônomos, na medida em que não advêm de fonte autônoma de produção jurídica.

1. Consulta

A. Os ilustríssimos advogados WT e ABSF dão-nos a honra de consulta sobre a sorte de pedido de *habeas corpus*, pendente de julgamento no egrégio Superior Tribunal de Justiça e impetrado em favor de LCM, atual prefeito de X, no Estado do Rio de Janeiro, o qual foi afastado do cargo, sem prazo certo, por curta decisão do desembargador relator do Tribunal Regional Federal da 2ª Região, sob fundamento de apuração da prática de inespecíficas *"condutas delituosas"* objeto de inquérito policial agora sob supervisão judicial, e necessidade de *"preservar as investigações e resguardar as ordens pública e econômica"*. O constrangimento ilegal teria origem na instauração *ex officio* do inquérito, por delegado da Polícia Federal, em 14 de maio de 2014, à vista apenas de denúncia anônima, da qual constariam acusações de contratação de empresa remunerada por verbas federais, mediante dispensa de licitação (*i*), contratação de outra após licitação fraudada (*ii*), e pagamento, com verba federal, a terceira empresa, por serviços de coleta de lixo (*iii*). Daí, calcar-se o pedido, para além da arguição da nulidade em si do decreto da medida cautelar, na alegação de nulidade do inquérito, seja porque instaurado por iniciativa de delegado de polícia, em relação a titular de foro especial (*a*), seja porque o foi com base exclusiva em denúncia anônima (*b*), enquanto causas concorrentes da total inaproveitabilidade dos dados coligidos (*c*).

A essas três questões atém-se a consulta e, perante elas, estamos em que a ordem deve concedida. Senão, vejamos.

2. Síntese dos Fatos Incontroversos Mais Relevantes da Causa

B. Não há nenhuma dúvida, nem sequer insinuada da douta Procuradoria, de que, em relação ao paciente, prefeito municipal em exercício, foi instaurado, com fundamento exclusivo em *notitia criminis* figurada em denúncia anônima, inquérito policial por iniciativa de delegado de Polícia Federal, sem provocação, nem ciência do representante do Ministério Público e do Tribunal competente, e, assim, se desenvolveu e materializou em múltiplos atos oficiais de investigação, documentados em um volume e seis apensos, durante quase dois meses. É que, posto instaurado o inquérito em 14 de maio do ano transato, só em 30 de junho o delegado remeteu seus já volumosos autos ao Ministério Público, que, em seguida, os encaminhou ao Tribunal Regional Federal, que deles tomou conhecimento em 30 de julho, quando sorteou o des. Relator competente para o supervisionar, o qual, tempos depois, afastou do cargo o ora paciente.

Nesse interregno, em que da pendência do inquérito faltou até mera comunicação ao Ministério Público e ao Poder Judiciário, foram praticados, pela autoridade policial, inúmeros atos instrutórios que não apenas interferiram na esfera jurídica de terceiros, mas, em particular, representaram, conquanto no estado de elementos típicos do alcance probatório limitado do inquérito policial, grave restrição ao **direito individual** do paciente de ser investigado nos termos prescritos pelo ordenamento jurídico e, por conseguinte, de não ser afastado do cargo por razão sumária justificada pelo resultado retórico do desenvolvimento das investigações iniciais, conduzidas, ainda que só durante dois meses, à revelia das exigências do justo processo da lei (*due process of law*). Não fossem essas primeiras diligências, aviadas sem conhecimento da Procuradoria e supervisão do Tribunal, decerto teria carecido de qualquer apoio o decreto da medida cautelar, ainda quando, perante elas, lavrado, em tom sucinto, sem motivação idônea.

Tais atos investigativos estão documentados nos autos. E consistiram em intimações e depoimentos de procuradores do Município, dois dos quais foram ouvidos sem prova de intimação regular; requisição de cópias de processos, contratos administrativos e licitações da Prefeitura, sob cominação de pena de desobediência; intimações e depoimentos de secretário municipal, de servidores vinculados à Prefeitura, bem como de sócios e representantes das empresas mencionadas na denúncia anônima. Esse considerável material instrutório guarda intuitivo **nexo de causalidade jurídica** com as diligências subsequentes que, empreendidas no inquérito, deram ensejo à breve mas gravosa decisão cautelar de afastamento do cargo.

3. O Vício da Iniciativa da Instauração e Curso do Inquérito
C. Abstraída a crucial nulidade oriunda da motivação deficiente do decreto da medida cautelar (art. 93, IX, da Constituição da República), o que já bastaria à concessão da ordem, mostra-se patente a nulidade que impregna o inquérito instaurado e desenvolvido, para apurar eventuais delitos de pre-

feito, detentor da chamada prerrogativa de foro, ou de foro especial, por iniciativa de delegado de polícia, sem provocação, nem conhecimento da Procuradoria e do Judiciário.

Na condição de prefeito, o paciente estava e está sob a jurisdição penal do Tribunal Regional Federal da 2ª Região e, portanto, exposto à atuação da Procuradoria aí oficiante, nos termos do art. 108, I, "a", cc. arts. 109, IV, e 29, X, da Constituição da República, e da súmula 702 do STF e súmulas 208 e 209 do STJ, na medida em que se lhe apuram suspeitas da prática de crimes que envolveriam desvio de verbas sujeitas a prestação de contas perante órgão federal.

Ora, é coisa assente que a previsão de foro especial, não por outra razão conhecida como prerrogativa de foro, é **garantia institucional** atribuída ao ocupante de certos cargos públicos, vocacionados, por definição, à satisfação de interesses superiores da coletividade, com o propósito de lhe assegurar o exercício independente das atividades funcionais, a salvo de pressões indevidas de adversários políticos, abusos de autoridades policiais, demasias do Ministério Público, bem como de inexperiência e vulnerabilidade dos órgãos da jurisdição ordinária. Diz-se, por isso, com propriedade técnica, que é *prerrogativa* (do cargo), e não, *privilégio* (do ocupante).[1]

Vem daí que, sob pena de mutilar ou enfraquecer o alcance dessa garantia, não se pode deixar de reconhecer, de um lado, que a iniciativa para instauração de inquérito policial a respeito de delitos imputáveis a titular de foro especial, ou prerrogativa de foro, é reservada ao órgão do Ministério Público que atue perante o tribunal competente, dada sua maior capacidade técnica de avaliar, na condição de legitimado ativo de eventual ação penal, a objetividade e a consistência do teor da *notitia criminis* como fator apto a desencadear as atividades investigativas formais, que lhe cumpre orientar, ficando à autoridade policial a presidência do inquérito. E, de outro, que este há de estar, desde o início, sob rigorosa supervisão do tri-

---

[1] É o que, em palavras lapidares, deixou gravado o STF, em caso histórico, no voto de um dos seus mais brilhantes juízes: *"A jurisdição especial, como **prerrogativa** de certas funções públicas, é, realmente, instituída não no interesse pessoal do ocupante do cargo, mas no interesse público do seu bom exercício, isto é, do seu exercício como alto grau de independência que resulta da certeza de que seus atos venham a ser julgados com plenas garantias e completa imparcialidade. Presume o legislador que os tribunais de maior categoria tenham mais isenção para julgar os ocupantes de determinadas funções públicas, por sua capacidade de resistir, seja à eventual influência do próprio acusado, seja às influências que atuarem contra ele."* (**Rcl nº 473-GB**, rel. Min. Victor Nunes Leal, DJ de 06.06.1962).

bunal competente, na pessoa do relator sorteado, não só para cognição de eventuais requerimentos de medidas constritivas de caráter pessoal ou material dependentes de decisão jurisdicional, mas também de controle permanente da legalidade dos atos instrutórios, cuja prática pode ferir direitos fundamentais do suspeito, do indiciado e, até, de terceiros. Doutro modo, os titulares de alguns cargos públicos estariam sempre sujeitos às mesmas funestas injunções que a prerrogativa do foro especial se preordena a evitar-lhes.

Tais são as razões óbvias por que, a partir de acórdão que tivemos a honra de redigir,[2] o Supremo Tribunal Federal cristalizou entendimento de que não está a Polícia Federal autorizada a abrir, de ofício, inquérito policial para investigar a prática de delitos atribuíveis a pessoa detentora de prerrogativa de foro, nem tampouco a desenvolvê-lo sem supervisão jurisdicional, exigível desde o início, quando instaurado por provocação do Ministério Público, reputando-se, pelo menos, de todo **nulos** os atos instrutórios de inquérito policial que, para aquele efeito, tenha sido aberto sem provocação da Procuradoria e promovido de forma ampla e desembaraçada, ainda que durante apenas certo tempo, sem o necessário controle do tribunal competente, quando, por força de todos esses graves vícios invalidantes, não se considere, como seria de bom alvitre considerar, nulo todo o inquérito.[3] Tal jurisprudência foi incorporada pelo TSE.[4]

Esta é a primeira causa de nulidade do inquérito de que se trata.

4. O Vício da Instauração com Base em Denúncia Anônima
D. Não menos ostensiva é a nulidade decorrente do fato incontroverso de ter sido o inquérito aberto pela autoridade policial, que já não poderia tê-lo feito *ex officio*, mas fê-lo, além disso, com base exclusiva em *notitia criminis* representada pelo que se convencionou designar como denúncia anônima ou apócrifa.

---

[2] **Rcl nº 2.349-TO**, Pleno, rel. p/ac. Min. Cezar Peluso, j. 10/03/2004, **in** *RTJ 196/760*.

[3] Cf. **Inq nº 3.847-AgR-GO**, 1ª Turma, rel. Min. Dias Toffoli, j. 07.04.2015, DJe-108, p. 08.06.2015; **Inq nº 3.438-SP**, 1ª Turma, rel. Min. Rosa Weber, j. 11.11.2014, DJe-027, p. 10.02.2015; **Inq nº 2.842-DF**, Pleno, rel. Min. Ricardo Lewandowski, j. 02.05.2013, DJe-041, p. 27.02.2014; **Inq nº 2.411-QO-MT**, Pleno, rel. Min. Gilmar Mendes, j.10.10.2007, **in** *RTJ 204/632*; **Pet nº 3.825-QO-MT**, Pleno, rel. Min. Gilmar Mendes, j. 10.10.2007, **in** *RTJ 204/200*.

[4] Cf. **HC nº 645-RN**, rel. Min. Gilson Dipp, j. 1º.08.2012, DJe 21.08.2014 (caso de prefeito municipal), e **HC nº 57.378-RO**, rel. Min. Luciana Lóssio, j. 23.09.2014, DJe-203, p. 28.10.2014.

PARECERES DE DIREITO PENAL

Consoante já tivemos oportunidade de, como membro do STF, sustentar em duas oportunidades,[5] a proibição constitucional do anonimato (art. 5º, IV) significa que, como meio de expressão verbal do pensamento, no mundo jurídico é inválida e ineficaz toda declaração anônima, seja de opinião, de ciência ou de vontade, não apenas porque, desenganadamente, censurável do ponto de vista ético, mas sobretudo porque torna irresponsável, dos ângulos penal e civil, quem, formalizando declaração escrita sem identificar-se, ofenda a honra alheia. E esse juízo supremo de reprovabilidade normativa genérica reproduz-se em várias normas dos escalões do ordenamento jurídico subalterno, como se vê aos arts. 339, § 1º, e 340 do Código Penal, art. 144, *caput*, da Lei nº 8.112, de 11 de dezembro de 1990, art. 14, § 1º, da Lei nº 8.429, de 2 de junho de 1992, art. 6º, II, da Lei nº 9.784, de 29 de janeiro de 1999, art. 10, *caput*, da Lei nº12.527, de 18 de novembro de 2011, e a outros dispositivos similares das legislações estaduais e municipais,[6] bem como de resoluções de órgãos federais.[7]

Nessa moldura, o anonimato é **desvalor** jurídico e, enquanto condição documental de declarações, não pode considerado para nenhum efeito jurídico, porque, não tendo autor formal, declaração apócrifa não é documento, não é nada, senão pedaço de papel, que não tem lugar dentro de nenhuma modalidade de procedimento e, muito menos, dentro de processo, salvo quando lhe constitua o próprio corpo de delito: *"'Anonimo', insomma, significa 'non atribuibile a nessuno'. Ovvio che sia escluso dal processo: non costituiscono prova testi d'autore ignoto"*.[8]

No quadro processual penal, denúncia anônima não produz consequência jurídica; tem apenas serventia prática de induzir a polícia judiciária a proceder, com presteza, discrição e respeito das garantias individuais, a diligências hábeis a apurar a existência de indícios mínimos da materia-

---

[5] **HC nº 84.827 – TO**, 1ª Turma, rel. Min. Marco Aurélio, j. 07/08/2007, e **INQ nº 1.957-QO–PR**, Pleno, rel. Min. Carlos Velloso, j. 11/05/2005, *in RTJ 196/101-133*, e **PELUSO, Cezar.** *Ministro magistrado – decisões de Cezar Peluso no supremo tribunal federal.* SP: Saraiva, 2013, p. 1051-1053.

[6] Por exemplo: art. 6º, II, da Lei nº 6.161, de 26 de junho de 2000, do Estado de Alagoas; art. 9º, II, da Lei nº 2.794, de 6 de maio de 2003, do Estado do Amazonas; art. 6º, II, da Lei nº 13.800, de 18 de janeiro de 2001, do Estado de Goiás; art. 12, II, da Lei nº 14.184, de 31 de janeiro de 2002, de Minas Gerais; e art. 10, II, da Lei nº 14.141, de 27 de março de 2006, do município de São Paulo.

[7] Cf. art. 5º, II, da Resolução nº 361, de 27 de maio de 2008, do Supremo Tribunal Federal.

[8] **CORDERO, Franco.** *Procedura penale.* 7ª ed..Milano: A. Giuffrè, 2003, p. 802, nº 71.11.

ABERTURA DE INQUÉRITO CONTRA TITULAR DE FORO ESPECIAL. DENÚNCIA ANÔNIMA

lidade e, tal seja a hipótese, também da autoria de delito que, esses, sim, justifiquem abertura de inquérito, o qual não pode instaurado com fundamento exclusivo em documento apócrifo, sob pena de **nulidade**, como se deu neste caso. Essa é jurisprudência inveterada do Supremo Tribunal Federal e do Superior Tribunal de Justiça, há pouco reafirmada em decisão exemplar:

> "É pacífico o entendimento jurisprudencial do STJ e do STF no sentido de não admitir a notícia-crime veiculada por meio de denúncia anônima, considerando que ela não é meio hábil para embasar, por si só, a instauração de inquérito policial ou medidas restritivas de direitos fundamentais, como é o caso de busca e apreensão. Na jurisprudência do STJ: APn 300/ES, Corte Especial, de minha relatoria, DJ 6/8/2007; STJ, QO na NC 280/TO, Corte Especial, Min. NILSON NAVES, DJ 5/9/2005; STJ, HC 119702/PE, Sexta Turma, Min. JANE SILVA (Desembargadora convocada do TJ/MG), DJe de 2/3/2009. Do STF, HC 98345, Rel. Min. MARCO AURÉLIO, Relator p/ Acórdão: Min. DIAS TOFFOLI, Primeira Turma, DJe de 17/9/2010; HC 115773 AgR, Rel. Min. CELSO DE MELLO, Segunda Turma, DJe de 3/9/2014; RHC 120551, Rel. Min. RICARDO LEWANDOWSKI, Segunda Turma, DJe de 28/4/2014; Inq 1957, Rel. Min. CARLOS VELLOSO, Tribunal Pleno, DJ 11/11/2005. É ilustrativo, a propósito, o acórdão da lavra do Ministro CELSO DE MELLO, no Inq 1957, Tribunal Pleno, em cujo voto se lê:

> "(a) os escritos anônimos não podem justificar, só por si, desde que isoladamente considerados, a imediata instauração da *persecutio criminis*, eis que peças apócrifas não podem ser incorporadas, normalmente, ao processo, salvo quando tais documentos forem produzidos pelo acusado, ou, ainda, quando constituírem, eles próprios, o corpo de delito (como sucede com bilhetes de resgate no delito de extorsão mediante sequestro, ou como ocorre com cartas que evidenciem a prática de crimes contra a honra, ou que corporifiquem o delito de ameaça ou que materializem o *crimen falsi*, p. ex.); (b) nada impede, contudo, que o Poder Público, provocado por delação anônima (disque-denúncia p. ex.), adote medidas informais destinadas a apurar, previamente, em averiguação sumária, com prudência e discrição, a possível ocorrência de eventual situação de ilicitude penal, desde que o faça com o objetivo de conferir a verossimilhança dos fatos nela denunciados, em ordem a promover, então, em caso positivo, a formal instauração da *persecutio criminis*, mantendo-se, assim, completa desvinculação desse procedimento em relação às peças apócrifas;

(c) o Ministério Público, de outro lado, independente da prévia instauração de inquérito policial, também pode formar a sua *opinio delicti* com apoio em outros elementos de convicção que evidenciem a materialidade do fato delituoso e a existência de indícios suficientes de sua autoria, desde que os dados informativos que são suporte à acusação penal não tenham, como único fundamento causal, documentos ou escritos anônimos".[9]

Do Superior Tribunal de Justiça não se pode deixar de transcrever os termos peremptórios de velho aresto fulminante da Corte Especial: *"O Superior Tribunal de Justiça não pode ordenar a instauração de inquérito policial, a respeito de autoridades sujeitas a sua jurisdição penal, com base em carta anônima."*[10]
É esta, pois, a segunda causa vistosa de nulidade do inquérito.

5. Da Inaproveitabilidade dos Elementos Instrutórios ou da sua Nulidade por Derivação

E. Escusaria cogitar da aplicação dalguma *exclusionary rule* para dar, logo, com a impossibilidade, seja de aproveitamento do inquérito policial mareado por duas causas concorrentes de nulidade absoluta, seja da subsistência da decisão cautelar que, vagamente fundada nos elementos instrutórios inquisitoriais desse procedimento nulo, afastou do cargo o paciente. É que basta recorrer a elementar princípio lógico-jurídico de que de ato ou de procedimento inválido não se irradia nenhum dos seus efeitos jurídicos

---

[9] **HC nº 107.362-PR**, 2ª Turma, rel. Min. Teori Zavascki, j. 10.02.2015, DJe 039, p. 02.03.2015. *Idem*: **RHC 117.988-RS**, 2ª Turma, rel. p/ac. Min. Celso de Mello, j. 16.12.2014, DJe-037, p. 26.02.2015. Veja-se ainda: *"A denúncia anônima é apta à deflagração da persecução penal, desde seguida de diligências realizadas para averiguar os fatos nela noticiados antes da instauração de inquérito policial. Precedentes: HC 108.147, Segunda Turma, Relatora a Ministra Cármen Lúcia, DJe de 1º.02.13; HC 105.484, Segunda Turma, Relatora a Ministra Cármen Lúcia, DJe de 16.04.13; HC 99.490, Segunda Turma, Relator o Ministro Joaquim Barbosa, DJe de 1º.02.11; HC 98.345, Primeira Turma, Redator para o acórdão o Ministro Dias Toffoli, DJe de 17.09.10; HC 95.244, Primeira Turma, Relator o Ministro Dias Toffoli, DJe de 30.04.10."* (**RHC nº 117.972-SP**, 1ª Turma, rel. Min. Luiz Fux, j. 18.02.2014, DJe-055, p. 20.03.2014 – ementa. No mesmo sentido, **RHC nº 116.000-AgR-GO**, 2ª Turma, rel. Min. Celso de Mello, j. 25.03.2014, DJe-213, p. 30.10.2014; **HC nº 120.234-PR**, 1ª Turma, rel. Min. Luiz Fux, j. 11.03.2014, DJe-059, p. 26.03.2014).
[10] **Inq nº 355-AgR-RJ**, rel. Min. Ary Pargendler, j. 17.03.2004, DJ 17.05.2004. *Idem*: **RHC nº 53.134-RJ**, 6ª Turma, rel. p/ ac. Min. Nefi Cordeiro, j. 17.03.2015, DJe 26.05.2015; **HC nº 131.225-SP**, 6ª Turma, rel. Min. Sebastião Reis Júnior, j. 27.08.2013, **in** RSTJ 232/605.

típicos, o que, neste caso, se traduz na cabal inidoneidade dos dados recolhidos no inquérito nulo para dar suporte à decisão cautelar impugnada e à própria formação de *opinio delicti*.

Mas esta sólida conclusão encontra também fundamento específico na conhecida teoria dos *frutos da árvore envenenada (fruits of the poisonous tree)*, ou da *nulidade por derivação*, que se radica em secular jurisprudência que, à luz da 4ª Emenda, formou a Suprema Corte norte-americana a partir do julgamento do famoso caso *Weeks x United States*, no qual, em 1914, invalidou provas penais obtidas mediante invasão ilegal do domicílio do suspeito.[11] A síntese mais expressiva da teoria, não poucas vezes repetida nas decisões de censura da aquisição inconstitucional de prova, emanou da aguda pena de Holmes, quando, noutro caso não menos célebre, escreveu como relator: *"The essence of a provision forbidding the acquisition of evidence in a certain way is that not merely evidence so acquired* **shall not be used before the Court, but that it shall not be used at all"**.[12]

O nome metafórico, que compara com a de frutos envenenados da mesma árvore a repugnância constitucional a prova ou a mero elemento instrutório logrado com desrespeito a direito fundamental do réu ou do suspeito, deve-se a outro grande *Justice*, Frankfurter.[13] E essa figura retórica quer significar que a ilicitude e a consequente invalidade da prova originalmente obtida – que, em si, já é, a rigor, o primeiro fruto da árvore envenenada – se comunicam, por contaminação no tronco ou raiz comum, não apenas a todas as demais provas, senão também a todos os atos processuais, inclusive a denúncia, que, embora sem outros vícios invalidantes, daquela decorram em termos de causalidade jurídica, ou seja, todas as subsequentes provas e atos *heterônomos*, na medida em que não advêm

---

[11] Eis o trecho substancial do acórdão: *"Instead, he acted without sanction of law, doubtless prompted by the desire to bring further proof to the aid of the government, and under color of his office undertook to make a seizure of private papers* **in direct violation of the constitutional prohibition against such action***. Under such circumstances, without sworn information and particular description, not even an order of court would have justified such procedure; much less was it within the authority of the United States marshal to thus invade the house and privacy of the accused."* (**232 US 383**. Grifos nossos).

[12] *Silversthorne Lumber Co., Inc. et al. x United States* (**251 US 385 – 1920**). Grifos nossos.

[13] *"The burden is, of course, on the accused in the first instance to prove to the trial court's satisfaction that wire-tapping was unlawfully employed. Once that is established- as was plainly done here- the trial judge must give opportunity, however closely confined, to the accused to prove that a substantial portion of the case against him was* **a fruit of the poisonous tree***."* (*Nardone x United States*, **308 US 338 – 1939**. 2º julgamento. Grifos nossos).

de fonte autônoma de produção jurídica.[14] Daí, sua designação alternativa de teoria da *nulidade por derivação*, bem como as exceções que, lucubradas pela casuística da jurisprudência da Suprema Corte norte-americana, compreendem a doutrina da fonte independente (*independent source doctrine*), a regra do decobrimento inevitável (*inevitable discovery rule*) e o princípio da conexão atenuada ou da contaminação expurgada (*attenuated connexion principle*),[15] nenhuma das quais tem, no caso, aplicação ou pertinência, como há de ver-se.

Na essência, a teoria foi acolhida pelo Pleno do Supremo Tribunal Federal nos julgamentos do **HC nº 73.351**[16] e do **HC nº 72.588**,[17] depois da postura inconcludente observada nas duas decisões do **HC nº 69.912**.[18] E consolidou-se em inúmeros julgados que, em resumo, proclamam serem imprestáveis as provas ilícitas obtidas, de forma direta ou por derivação, de outras (*fruits of the poisonous tree*), independentemente do momento e forma em que tenham sido produzidas, devendo, como tais, ser desentranhadas do processo, quando não seja caso de o anular por inteiro.[19] Seu fundamento último reside na ofensa ao art. 5º, LVI, da Constituição da República, enquanto garantia elementar do devido processo legal (*due process of law*), que impõe, em tutela da dignidade do réu, na condução e conclusão do processo, severa observância de todas as garantias constitucionais e legais de um tratamento e julgamento justos, em termos correspondentes aos da matriz norte-americana, sob a qual se advertiu: "*The rule also serves ano-*

---

[14] Sobre a aplicação da teoria, cf. ainda *Mapp x Ohio* (**367 US 643 – 1961**); *Wong Sun x United States* (**371 US 471 – 1963**); *Katz x United States* (**389 US 347 – 1967**), que revogou a decisão do caso *Olmstead x United States* (**277 US 438 – 1928**); e *Payton x New York* (**445 US 573 – 1980**).

[15] A mais difundida na dogmática e na jurisprudência brasileiras é a ressalva intuitiva da doutrina da **fonte independente** ou **autônoma**, segundo a qual a nulidade não alcança as provas e atos sem vínculo jurídico-causal com prova ou ato ilícito original. Cuida-se, na verdade, de limitação inerente aos limites conceituais da própria teoria, a qual supõe o reconhecimento de vínculo genético entre a primeira e as demais provas. Não é, pois, uma exceção.

[16] Rel. Min. Ilmar Galvão, j. 09.05.1996, DJ 19.03.1999.

[17] Rel. Min. Maurício Corrêa, j. 12.06.1966, in *RTJ 174/491*.

[18] Julgados em 30.06. 1993 e 16.12.1993, in *LEX-STF 183/290* e *186/350* e *RTJ 155/508*.

[19] Cf. entre muitos, **Rcl nº 12.484-DF**, 1ª Turma, rel. Min. Dias Toffoli, j. 29.04.2014, DJe-189, p. 29.09.2014; **HC nº 93.050-RJ**, 2ª Turma, rel. Min. Celso de Mello, j. 10.06.2008, DJe-142, p. 01.08.2008; **RHC nº 90.376-RJ**, 2ª Turma, rel. Min. Celso de Mello, in *RTJ 202/764*; **HC 82.788-RJ**, 2ª Turma, rel. Min. Celso de Mello, in *RTJ 201/170*; **HC nº 74.116-SP**, 2ª Turma, rel. p/ac. Min. Maurício Corrêa, j. 05.11.1996, DJ 14.03.97.

*ther vital function – `the imperative of judicial integrity.' Elkins v. United States, 364 U.S. 206, 222 (1960). Courts which sit under our Constitution cannot and will not be made party to lawless invasions of the constitutional rights of citizens by permitting unhindered governmental **use of the fruits of such invasions.**"*[20]

Aplicada ao caso, tem-se por indisputável que, na remota hipótese de não ser trancado o próprio inquérito policial, iniciado por autoridade absolutamente incompetente e, durante dois meses, desenvolvido à revelia do Ministério Público e do Poder Judiciário, devem ser anulados e desentranhados todos os elementos instrutórios decorrentes da denúncia anônima que serviu de base exclusiva à sua instauração, na medida em que estão contaminados da mesa ilicitude.

F. Não colhem as objeções do esforçado parecer da douta Procuradoria.

De que foi a denúncia anônima que deflagrou o inquérito, não há dúvida alguma, pois o fato de estender-se por seis laudas, de nenhuma das quais consta a identificação do autor, nem indícios tênues de sua identificação, é óbvio que a não absolve do anonimato.

E é não menos óbvio o prejuízo que sofre o paciente com a grossa ilicitude do inquérito, cuja só pendência caracteriza exemplo escolar de constrangimento ilegal, agravado com seu afastamento sumário do cargo. Nem é, como se viu, papel do Judiciário comprometer *"the imperative of judicial integrity"*, ignorando transgressões à Constituição da República debaixo do pretexto da necessidade de pesquisa incontrolada de artificiosa verdade real de caráter absoluto, quando sabe que a verdade objeto do processo é apenas a verdade revelada de acordo com as garantias e regras do devido processo da lei (*due process of law*). Nesse sentido, diz-se, com todo o acerto, que a verdade processual *"non è conseguibile mediante indagini inquisitorie estranee all'oggetto processuale; è di per sé **condizionata al rispetto delle procedure e delle garanzie di difesa.**"*[21]

E, por fim, não guarda tampouco nenhuma pertinência ao caso a decisão tomada pelo Supremo Tribunal Federal no julgamento do **HC nº 124.677-SP**, porque aí se reconheceu que

---

[20] Trecho do acórdão relatado, no caso *Terry x Ohio*, **392 U.S. 1, 12 -13 (1968)**, pelo *Chief Justice* Warren, e transcrito no voto vencido de Brennan, em *United States x Calandra* (**414 US 338 – 1974**).

[21] **FERRAJOLI**, Luigi. *Diritto e ragione*. 8ª ed.. Roma-Bari: Laterza, 2004, p. 18, nº 2. Grifos nossos.

"Na concreta situação dos autos, **embora sob a roupagem de inquérito policial**, a polícia judiciária se limitou a averiguar a idoneidade e a procedência das informações contidas na delação apócrifa. Fazendo-o nos termos de ordem de serviço, assim redigida pelo Delegado de Polícia:

"[...]

"**Determino aos policiais encarregados da presente, que realizem diligências, em caráter reservado**, à a) à av. A, nº 901, Diadema-SP; b) à rua M, nº 117, Moema; c) à av. NJ (não menciona número) em uma mansão de cor verde; d) à rua W (próximo à CA) bairro Pacaembu; e) à rua FA, nº 457, Santa Cecília, **visando apurar as atividades ali realizadas, sobretudo verificando a existência de indícios de que ali esteja ou possa estar ocorrendo atividade criminosa (p/ex.: exploração de jogo ilegal), ofertando circunstanciado relatório a respeito do que puderem apurar...Sr. Investigador: Esta Ordem de Serviço é de caráter RESERVADO, vedada a exibição a estranhos...**"[22]

Salta aos olhos, pois, que a Suprema Corte não destoou da sua aturada jurisprudência, senão que a reafirmou *a contrario sensu*, ao relevar a inexistência de ilegalidade na correta atitude do delegado de polícia que, perante denúncia anônima, tomou a cautela de mandar realizar diligências preliminares **sigilosas** para apuração de vestígios materiais da prática dalguma atividade criminosa. Nisso, não houve, em substância, instauração de nenhum inquérito!

6. Conclusões

G. De todo o exposto, estamos em que deve concedida a ordem, para trancar o inquérito policial, instaurado por autoridade absolutamente incompetente e, durante dois meses, desenvolvido à revelia do Ministério Público e do Poder Judiciário, ou, quando menos, para anular todos os elementos instrutórios derivados da denúncia anônima que serviu de base exclusiva à sua instauração, os quais devem ser desentranhados dos autos, cassando-se, em qualquer das duas hipóteses, a decisão cautelar que afastou o paciente, LCM, do cargo de prefeito de X, no Estado do Rio de Janeiro.

É o que, salvo melhor juízo, nos parece.

Brasília, 5 de setembro de 2015.

---

[22] **HC nº 124.677-AgR- SP**, 1ª Turma, rel. Min. Roberto Barroso, j. 07.04.2015, DJe-076, p. 24.04.2015. Grifos do original e nossos.

10
Fragmentação e Denúncia Unitária
e o Devido Processo Legal

AÇÃO PENAL. Denúncia. Peça unitária apresentada contra 37 réus, pela Procuradoria-Geral, perante o Superior Tribunal de Justiça. Foro especial de um dos denunciados. Denúncia recebida só contra ele. Competência declinada ao Tribunal de Justiça, quanto aos demais. Foro especial de outros réus, em segunda instância. Denúncia ratificada e recebida pelo TJ contra eles. Competência declinada ao Juízo de primeiro grau, quanto aos denunciados residuais sem prerrogativa de foro. Desdobramento subsequente da acusação, pelo representante local do Ministério Público, mediante apresentação de 17 denúncias substitutivas, das quais 10 contra um dos denunciados. Inadmissibilidade. Nulidade absoluta das denúncias fragmentárias e dos processos correspondentes. Usurpação de atribuições. Insulto às garantias constitucionais das competências do juiz natural, da ordem e unidade do processo, bem como do contraditório e da ampla defesa, elementares do devido processo legal. Interpretação e alcance do art. 5º, LV e LIV, da CF, e dos arts. 24, 42, 76, 78, 79, 80, 82 e 567 do CPP. *São manifestamente nulas as várias denúncias que, contra réus sem prerrogativa de foro, em substituição e fragmentação de denúncia unitária original contra inúmeros acusados, ratificada e recebida pelo STJ e pelo TJ, apenas quanto a réus titulares de diferentes prerrogativas de foro, com declinação sucessiva de competências até ao Juízo de primeira instância, neste foram apresentadas pelo Ministério Público local.*

1. Consulta

A. Os ilustres advogados ACAC, CRB e NN dão-nos a honra de consulta sobre a sorte de recurso ordinário em *habeas corpus*, pendente no Superior Tribunal de Justiça e interposto por seu cliente, POAP, da decisão da 3ª Turma do Tribunal de Justiça do Distrito Federal que lhe denegou a impetração contra ato do Juízo da 7ª Vara Criminal do Distrito Federal, consistente no recebimento de denúncia oferecida em dez processos pelo representante local do Ministério Público, o qual, desconsiderando denúncia originária e única, por crimes conexos, apresentada pelo Ministério Público da União contra trinta e sete investigados e ratificada pela Procuradora-Geral distrital, nos desmembramentos sucessivos do processo, fragmentou a peça acusatória em dezessete denúncias contra acusados primitivos sem a chamada prerrogativa de foro, acrescendo-lhes outros três. O fundamento básico do acórdão recorrido é de que a formação de *opinio delicti*, no primeiro grau da Justiça do Distrito Federal, é da legitimidade do representante local do Ministério Público, que, por sua autonomia, não é obrigado a ater-se a denúncia do Ministério Público Federal, ainda quando ratificada. São, no entanto, múltiplos os bons argumentos do recurso ordinário, as quais serão, neste parecer, examinados segundo a relevância extrema de que nasce a razão do recorrente.

2. Da Síntese dos Fatos Decisivos e Incontroversos do Caso

B. Sobre a existência de suposta organização criminosa, objeto de inquérito único, o Ministério Público Federal requereu-lhe, primeiro, à míngua de conexão probatória, desmembramento em relação aos promotores públicos e, depois, à vista de foro especial, aos magistrados e deputados federais que a integrariam, e, com base nos elementos apurados,[1] apresentou, dada a conexão reconhecida, **uma só denúncia**,[2] perante o Superior Tribunal de Justiça, contra as restantes 37 (trinta e sete) pessoas, entre as quais havia membros do governo do Distrito Federal, empresários, um conselheiro do Tribunal de Contas local e deputados distritais. Notificados nos termos do art. 4º, *caput*, da Lei nº 8.038, de 28 de maio de 1990, os denunciados, entre os quais o ora recorrente, **apresentaram defesa preliminar**.

---

[1] Inquérito nº xxx-DF.
[2] Ação Penal nº xxx-DF.

FRAGMENTAÇÃO E DENÚNCIA UNITÁRIA E O DEVIDO PROCESSO LEGAL

C. Em Questão de Ordem, o Superior Tribunal de Justiça, posto reconhecendo a conexão entre os fatos, entendeu de desmembrar a ação penal, nos termos do art. 80 do Código de Processo Penal, por razão de mera conveniência figurada no *"elevado número de acusados e a complexidade do feito"*, capazes de comprometer a *"razoável duração do processo"*, e **recebeu a denúncia** contra o conselheiro do Tribunal de Contas, titular do foro especial, salvo quanto ao crime de lavagem de dinheiro, por inépcia da peça acusatória,[3] determinando remessa dos autos ao Tribunal de Justiça do Distrito Federal quanto aos outros denunciados.

D. No Tribunal de Justiça, a Procuradora-Geral de Justiça do Distrito Federal, após notar textualmente que o feito tramitara de modo válido perante o STJ, em processo único ditado pela conexão dos fatos, mas desmembrado, advertiu que

> **"Esse desmembramento, contudo, não implica nulidade dos atos anteriormente praticados.** Isso porque o regular trâmite do feito, até o momento, observou o **juízo constitucionalmente competente** – o Eg. **Superior Tribunal de Justiça**. O desmembramento, na forma do art. 80 do CPP, portanto, não se confunde com reconhecimento de nulidade. A distinção é relevante, uma vez que, por se tratar de mero desmembramento, são plenamente válidos todos os atos processuais praticados até a remessa do traslado a esse Eg. TJDFT.
>
> (...)
>
> Desse modo, o Ministério Público do Distrito Federal e Territórios, por sua Procuradora-Geral de Justiça, **ratifica todos os atos praticados pelo Ministério Público até o presente momento, especialmente a peça acusatória de fls. 3.985/4.175 (volume XXI dos autos principais) e a manifestação de fls. 7550/7869 (vol. XXXVII dos autos principais)**, para reiterar o pedido de recebimento da ação penal..."[4]

O Conselho Especial do Tribunal de Justiça, ainda em Questão de Ordem, decidiu desmembrar o processo, para, sob as mesmas razões do STJ, a despeito da existência de conexão, preservar sua jurisdição apenas quanto aos deputados distritais acusados, com foro por prerrogativa de função, determinando remessa de cópia integral dos autos ao juízo com-

---

[3] Vencido o Ministro Relator.
[4] Grifos nossos.

petente de primeiro grau. Ao depois, **a mesma denúncia foi também recebida** contra os deputados distritais.

E. Em primeiro grau, sob pretexto do volume dos autos, da complexidade dos fatos e do alto número de acusados, o Ministério Público distrital, na *"primeira oportunidade em que recebe os autos para se manifestar e formar sua opinio delicti*,"[5] resolveu, *sic et simpliciter*, apresentar **17 (dezessete) novas denúncias** contra os já denunciados residuais, além de três outras pessoas, alegando que, *"embora conexos, os fatos criminosos descritos são independentes e podem ser veiculados em peças acusatórias distintas"*. Fê-lo, enfatize-se mais uma vez, apesar de a denúncia original ter sido *ratificada* expressamente pelo órgão hierárquico superior, a Procuradoria-Geral de Justiça do Distrito Federal.

F. Dessas novas denúncias, *10 (dez)* foram apresentadas contra o recorrente, cujo recurso argui, em substância, com inteira e vistosa razão, a nulidade do seu recebimento e processamento, como se passa a demonstrar.

3. Do Devido Processo Legal como Síntese de Garantias

G. Desde logo convém relembrar que o princípio do devido processo legal deve ser lido como *justo processo da lei*,[6] na medida em que, instrumento e método de atuação da jurisdição, não pode haver processo que, conquanto **legal** ou oriundo da lei em sentido estrito, não seja, ao mesmo tempo, **justo** ou équo, como postula a Constituição da República.[7] Não há, deveras,

---

[5] Grifos nossos.

[6] Tal como hoje enuncia, com inteira propriedade, a Constituição italiana, no art. 111, *primo comma*: *"La giurisdizione si attua mediante il giusto processo regolato dalla legge"*. Grifos nossos.

[7] O termo *"due"*, na conhecida expressão da 5ª Emenda da Constituição norte-americana (*due process of law*), não pode corretamente traduzir-se por "regular" e, muito menos, por "legal" (que é ideia já retratada no adjunto *"of law"* e, como tal, seria redundante na tradução), porque *"è un appello fiducioso alla coscienza dell'uomo, ad una giustizia superiore fondata sulla natura e sulla ragione... termine 'giusto' l'único che possa rendere con efficacia il contenuto etico del termine 'due'"* (**VIGORITI**, Vincenzo. *Garanzie costituzionale del processo civile*. Milano: A. Giuffrè, 1973. p. 30, nota 12). *"The essential guarantee of the due process clause is that of fairness"* (**NOWAK**, John E.; **ROTUNDA**, Ronald D.. *Constitutional law*. 5ª ed. ST. Paul: West Publishing, 1995, p. 551). Aludir a *"justo processo da lei"* é, na verdade, o que mais bem evoca a noção de que, para atender à exigência constitucional (art. 5º, inc. LV), não basta seja **legal** o processo, pois que também deve ser **justo**. Sobre o ponto, vejam-se também votos que, no egrégio STF, proferimos como Relator no **HC nº 94.641** e no **AI nº 431.264 – AgR-AgR** (LEX – JSTF n° 349/52), ambos também insertos em **PELUSO**, Antonio Cezar. *Ministro magistrado – decisões de Cezar Peluso no supremo tribunal federal*. São Paulo: Saraiva, 2013, pp. 814 e 1282.

outro modo de conceber-se a existência de válido processo jurisdicional, que, como categoria jurídica, tem por pressuposto de sua validez absoluta a concreta realização da promessa constitucional de ser **justo** ou **devido por justiça** (*due process*).[8]

Temos, nesse sentido, insistentemente acentuado que o devido processo legal não é apenas o processo regulado pela lei, porque nisso seria apenas legal. A Constituição exige mais, exige que o processo, além de ser *legal*, seja *devido*. E, evidentemente, não é o ser apenas devido por lei, que é o ser *legal*. Devido, então, a que outro título legitimante? A experiência constitucional norte-americana e, sobretudo, a interpretação desse princípio na história do Direito anglo-saxão, onde se radica, demonstram que a expressão **"due"** – traduzida entre nós por *devido* – sempre compreendeu clara referência a superiores *ideais de justiça*. Noutras palavras, o processo, segundo a Constituição, tem que ser *legal*, mas, ao mesmo tempo, precisa, na sua estruturação normativa como modelo de atuação, responder às exigências de uma concepção de justiça vigente em dado momento histórico, ou seja, há de ser também *devido por justiça*.[9] E há de sê-lo não apenas na sua concepção legal de figurino, mas, sobretudo, no resultado de sua aplicação, isto é, na experiência viva de cada processo concreto, onde as ações dos sujeitos intervenientes tendem a materializar-lhe o *ideal de justiça*.

Ora, este singular predicado do princípio é que o caracteriza como conjunto de inúmeras garantias constitucionais e legais que, elementares de seu perfil normativo, expressam valores éticos e jurídicos, autônomos na medida em que são afirmações positivas da dignidade da pessoa humana e instrumentais enquanto concorrem todos para emissão de uma sentença final justa, baseada na regular e correta reconstituição historiográfica dos fatos relevantes da causa, e cuja síntese define, como critérios de justiça, o devido processo legal.[10] Dentre essas garantias, relevam ao caso as do **juiz**

---

[8] Art. 5º, inc. LIV, da Constituição da República.

[9] Cf. *Op. cit.*, p. 974.

[10] O devido processo tem de conciliar as exigências dos valores individuais, como tratamento justo das partes, com a necessidade da justiça da decisão. Nesse sentido, diz-se que "*è possibile ricondurre il valore dela giustizia della decisione ad una prospectiva che ponga al centro del discorso i diritti individuali. In quest'ottica, **la giustizia della decisione** si presenta come la più importante delle garanzie individuali che devono essere assicurate al singolo citadino nel contesto del sistema giudiziario*" (**BERTOLINO, Giulia**. *Giusto processo civile e giusta decisione. Tesi di dottorato*. Universidade de Bolonha, p. 115. Grifos nossos).

natural, visto do ângulo restrito da competência, e as do **contraditório** e da **ampla defesa**.[11]

4. Juiz Natural e Conexão

H. Porque, na revelação do juiz natural, se ordenam a dar corpo a uma garantia inerente ao princípio do justo processo da lei (*due process of law*), todas as normas constitucionais e infraconstitucionais que disciplinam a distribuição da competência são de **natureza cogente**. E são-no *a fortiori* as que governam a competência processual penal, sobretudo quando digam de perto com restrição ao *ius libertatis*.

É truísmo que o processo gradativo de individuação do juiz natural da causa obedece a ordem definida a partir da delimitação da chamada *competência de jurisdição*, em cuja sede se indaga a respeito da Justiça competente para processar e julgar o fato. Determinada tal competência, segue-se--lhe a definição sucessiva das competências hierárquica, de foro, de juízo, a interna e, se for o caso, a recursal, até à individualização do juiz natural, certo e imutável. Esta é a ordem geral.

Mas essa ordem pode, em dadas hipóteses, como a desta consulta, ceder a necessidades racionais que submetem o processo de revelação do juiz natural a um último escrutínio de confronto com regras de **prorrogação** de competência, em particular as relacionadas ao instituto processual da **conexão** de infrações penais.

A realidade dos fenômenos da vida, sujeitos a averiguação e julgamento pelo sistema de Justiça Criminal, mostra que, entre infrações, pode haver nexos, pontos de afinidade, de contato ou de influência mútua, cuja presença imponha ao ordenamento jurídico a estipulação de um só processo para decisão unitária de todas as imputações. São vários os motivos que o justificam: "*a necessidade de obviar decisões entrechocantes, a preocupação de economia processual pelo aproveitamento dos meios, a conveniência de condensação da*

---

[11] Para a visão dessas garantias constitucionais do direito brasileiro, num amplo painel da "*nozione di 'giusto processo' – con la sua carica potenziale di **valori etici** e **deontologici**, espressi o inespressi, appartenenti alla cultura ed alle tradizioni internazionali del **fair trial**, del **due process of law** o del **procès équitable** – sia oggi consacrata in un precetto costituzionale a sé stante*", como "*sintese superiore (e, sul piano tecnico, quale 'categoria ordinante') di più valori sottesi ad una ben determinata **ideologia di giustizia***", cf., por todos, COMOGLIO, Luigi Paolo. *Etica e tecnica del 'giusto processo'*". Torino: G. Giappichelli Ed., 2004, *passim*, mas, em especial, p. 212, 274 e 275. Grifos do original.

FRAGMENTAÇÃO E DENÚNCIA UNITÁRIA E O DEVIDO PROCESSO LEGAL

prova para melhor elucidação da verdade jurídica, são fundamentos político-processuais que fornecem as diretrizes para a disciplinação da influência que a conexão exerce sobre vários institutos do processo".[12]

As hipóteses de **conexão** estão capituladas no art. 76 do Código de Processo Penal, e, configurada qualquer delas, hão de observar-se as dispostas no art. 78, as quais estatuem a prevalência consequente de competência do órgão judiciário que, ao cabo desta última etapa de revelação, aparecerá, na condição de único, certo e imutável, como o juiz natural da causa. Essa atribuição legal de competência a um órgão jurisdicional para o julgamento de infrações conexas produz o mesmo efeito indeclinável daquele que decorre das demais regras do ordenamento.[13] Como corolário e ponto relevantíssimo à consulta, segue-se-lhe a necessária **unidade** de processo e julgamento (art. 79), recognoscível de ofício (art. 82) ou mediante provocação. *"Trata-se de regra imperativa e obrigatória, e não simplesmente dispositiva"*,[14] só excepcionada por ordem judicial em caso de motivo relevante previsto na lei (art. 80).

5. Do Contraditório e Ampla Defesa

I. A **cogência** das regras de conexão, no processo penal, também deita raízes em outra importante garantia elementar do justo processo da lei (*due process of law*), pois permitir, discricionariamente e, sobretudo, contra expressa provisão legal, subsistam duas ou mais persecuções penais que deveriam, por força da lei, estar reunidas sob um único processo, significa agravar ao réu, do ângulo dos seus legítimos interesses materiais e imateriais, o ônus, já em si constrangedor, de responder a acusações conexas em processos separados, com todas as suas intuitivas consequências gravosas, dentre as quais avulta o sério risco de fatal comprometimento do **contraditório** e da **ampla defesa**, assegurados pela Constituição da República (art. 5º, inc. LV)! Tão grave lesão a caras garantias constitucionais exacerba-se

---

[12] **XAVIER DE ALBUQUERQUE**, **Francisco Manoel**. *Aspectos da conexão*, Manaus: Sérgio Cardoso, 1956, p. 21.

[13] Cf. **TAORMINA**, **Carlo**. *Giudice naturale e processo penale*. Roma: Bulzoni, 1972, p. 339-340, nº 11, e *Profilo della connessione di procedimenti penali*. In: Archivio Penale, Roma, v. 26, fasc. 1/12, jan. dez. 1970, p. 39-66, em especial p. 47. Este parece constituir o fundamento último da orientação sedimentada na **Súmula 704** do STF.

[14] **MARQUES**, **José Frederico**. *Da competência em matéria penal*. SP: Saraiva, 1953, p. 292, § 52, nº 1.

na exata medida em que as ações penais conexas, que deveriam estar reunidas num processo único, chegam, desdobradas, quase a duas dezenas, como sucede na espécie.

J. Mas o que sobremodo é mister advertir a propósito de ambas as garantias constitucionais, cuja função última não é a de defesa em sentido negativo, como oposição ou resistência às ações alheias, senão de *participação*,[15] entendida como direito de influir no desenvolvimento e no resultado do processo, é que supõem uma **ordem legal imutável** no exercício dos ônus ou poderes das ações reais e linguísticas a que se reduz, em última análise, a atuação processual das partes. Em tutela da dignidade humana do acusado (*"reus sacra res"*) e tendo em vista ser a acusação o só objeto da prova, tal ordem traduz-se em que, no processo penal, **a *defesa sempre fala por último*.** Sua transgressão é causa de nulidade radical que contamina todos os atos processuais subsequentes.

6. Uma Vistosa Usurpação de Atribuições e de Competência

K. Fixadas essas premissas teóricas, o que convém agora é reavivar aturada jurisprudência do Supremo Tribunal Federal, que, desde o julgamento do famoso Inquérito nº xxx-GO, deixou assentado, com apoio na regra "*tempus regit actum*", no princípio da obrigatoriedade e indisponibilidade da ação penal pública (arts. 24 e 42 do Código de Processo Penal), da só nulidade dos atos decisórios em caso de vício de incompetência absoluta do juízo (art. 567) e da unidade e da indivisibilidade do Ministério Público (art. 127, § 1º, da Constituição Federal), que alteração da competência do juízo por fato superveniente não anula os atos processuais anteriores, nem, por conseguinte, a denúncia apresentada por quem, então, tinha legitimidade para oferecê-la, prescindindo de sua ratificação.[16] Não obstante já houvesse precedentes nesse sentido,[17] a decisão assinalou drástica mudança de orientação, que é mantida até hoje sem nenhuma discrepância.[18]

---

[15] Cf., por todos, **TROCKER**, **Nicolò**. *Processo civile e costituzione*. Milano: A. Giuffrè, 1974, pp. 367-379. Esta finalidade objetiva das garantias do contraditório e da ampla defesa, que não deixam de ter evidente papel de contraposição, é tida hoje, na doutrina, como *forma de colaboração das partes com o juízo*, na tarefa de revelação do direito aplicável aos fatos da causa, ou, na linguagem chiovendiana, de dicção da vontade concreta da lei.

[16] **Inq. nº 571-QO**, Pleno, rel. Min. Sepúlveda Pertence, j. 26.02.1992, DJ 05.03.1993 e *RTJ* 147/902.

[17] Cf. **HC nº 63.143-MG**, 1ª Turma, rel. Min. Oscar Corrêa, j. 13.08.1985, DJ 30.08.1985 [caso em que a denúncia foi apresentada pelo MP Federal, e o feito foi, por incompetência do juízo

E é de notável interesse ao caso da consulta, decisão que tivemos a honra de relatar na Suprema Corte e na qual, à luz dessa jurisprudência, se lhe aplicou a tese *a fortiori* a órgãos situados no *mesmo plano federativo*, com fundamento na unidade e indivisibilidade do seu Ministério Público, como se colhe à ementa:

> "AÇÃO PENAL. Denúncia. Ratificação. Desnecessidade. Oferecimento pelo representante do Ministério Público Federal no juízo do foro em que morreu uma das vítimas. Declinação da competência para o juízo em cujo foro se deu o fato. Foros da Justiça Federal. Atuação, sem reparo, do outro representante do MP. Atos praticados em nome da instituição, que é uma e indivisível. Nulidade inexistente. HC indeferido. Voto vencido do Min. Marco Aurélio. Aplicação do art. 127, § 1º, da CF. Inteligência do art. 108, § 1º, do CPP.** *O ato processual de oferecimento da denúncia, praticado, em foro incompetente, por um representante, prescinde, para ser válido e eficaz, de ratificação por outro do mesmo grau funcional e do mesmo Ministério Público, apenas lotado em foro diverso e competente, porque o foi em nome da instituição, que é uma e indivisível."*[19]

K. Aplicado tal entendimento ao caso, vê-se, logo e límpido, que, sendo, então, de todo legitimado para fazê-lo o representante do Ministério Público Federal que apresentou a **denúncia única** originária ao Superior Tribunal de Justiça, o qual de igual modo era competente para dela conhecer, como deveras conheceu, embora recebendo-a apenas em relação a acusado titular do foro especial, já não era necessário que, desmembrado o processo, viesse, perante o Tribunal de Justiça do Distrito Federal, a Procuradora-Geral de Justiça a ratificar a denúncia, porque esta, não

---

federal, deslocado para a Justiça estadual, sem que o MP estadual tivesse ratificado a denúncia. O STF negou a existência de nulidade, que só atingiria atos decisórios].

[18] Cf. **HC nº 69.906-MG**, 2ª Turma, rel. Min. Paulo Brossard, j. 15.12.1992, DJ 16.04.1993 e *RTJ 146/244*. Na assentada, voto vencedor do Min. Néri da Silveira refere aquela decisão do Pleno que *"mudou a orientação antiga, em que se considerava o processo 'ex novo' e se exigia ratificação da denúncia"*; **HC nº 72.569-RO**, 1ª Turma, rel. Min. Octavio Gallotti, j. 05.05.1995, DJ 15.12.1995; **Inq nº 1.070-TO**, Pleno, rel. Min. Sepúlveda Pertence, j. 24.11.2004, DJ 01.07.2005 e *RTJ 194/445*; **AP nº 695-AgRg-MT**, Pleno, rel. Min. Rosa Weber, j. 13.02.2014, *RTJ 227/28*; **AP nº 572-PR**, 2ª Turma, rel. Min. Gilmar Mendes, j. 11.11.2014, DJe 10.02.2015, cujo acórdão se reporta à **AP nº 695-MT**.

[19] **HC nº 85.137-MT**, 1ª Turma; Rel. Min. Cezar Peluso, j. 13/9/2005, *LEX – JSTF 324/ 436*.

padecendo de vício algum, era **válida**. O fato de, sem que lhe tivesse o tribunal declinante decretado invalidez que não havia, tê-la ratificado a Procuradora-Geral, como já noticiado,[20] só agrava a usurpação de atribuições em que resvalou o Ministério Público distrital de primeira instância, quando recebeu os autos, do Tribunal de Justiça, que tampouco lhes encontrou alguma nulidade, tão só para prosseguimento da ação em face dos denunciados carentes de foro especial.

Neste passo, escusam largos latins. Desnecessariamente ratificada pela Procuradora-Geral de Justiça, a denúncia **válida** devia ser apenas submetida ao Juízo da 7ª Vara Criminal, mas o representante distrital do Ministério Público de primeira instância, cuidando-se investido de poderes de revisão, não só do ato do Ministério Público Federal que, então legitimado, a ofereceu, mas também da ratificação manifestada pelo órgão hierarquicamente superior da sua instituição, desconsiderou de modo absoluto a peça acusatória e, sob pretexto de formar *opinio delicti*, já declarada por órgão legitimado *ad causam*, deliberou apresentar 17 (dezessete) novas denúncias pelos mesmos fatos reconhecidamente conexos, em substância contra as mesmas pessoas. Não podia tê-lo feito.

L. E não o podia por diversas razões, cada qual mais conspícua que a outra.

A mais intuitiva está em que não tinha *atribuição* para tanto. Não a tinha para desqualificar denúncia válida, substituindo-a por cerca de duas dezenas doutras, porque carecia de poderes legais de controle da legalidade ou da conveniência do ato praticado pelo representante do Ministério Público Federal, que a ofereceu, nem da ratificação expressa do órgão hierarquicamente superior, aliás do posto mais alto da sua instituição, a Procuradora-Geral da Justiça, que a ratificou, conquanto sem necessidade, assumindo-a daí em diante como sua. Ao propósito, mui respeitáveis opiniões sustentam que essa atitude heteróclita do promotor teria, no fundo, significado *desistência*, inadmissível, da ação penal, em franco insulto à sua indisponibilidade.

Estou, *data venia*, em que não importou desistência, mas ato mais grave, porque, sem abdicar, a rigor, a denúncia original, a **invalidou**, despojando-a de toda a valia ou eficácia jurídica, como se fora mais que o juízo da causa, na medida em que não deu razão alguma do invalidamento, como estaria

---

[20] Vide *supra*, capítulo II, nº 4, p. 2.

obrigado a dá-la a título de fundamentação o órgão judicial! A denúncia primitiva foi **anulada** por quem não tinha poderes para fazê-lo!

Objetar-se que lho autorizava a **independência funcional** é confundir de modo surpreendente a liberdade, que tem, para praticar, na pendência de ação penal desencadeada por denúncia alheia, todos os atos processuais pertinentes ao âmbito legal de suas atribuições, com o poder jurídico, de que não dispunha, de invalidar denúncia formulada, na origem, por órgão legitimado, estranho à sua instituição, o representante do Ministério Público Federal, e ratificada por órgão superior, que a fez sua, a Procuradora-Geral de Justiça do Distrito Federal. Nunca se ouviu dizer que promotor público de primeiro grau pudesse nulificar denúncia válida de representante de outro ramo do Ministério Público e ratificada do órgão máximo do ramo a que pertence, enquanto atos praticados no exercício legítimo das respectivas funções institucionais! Quando muito, era-lhe dado promover a chamada *aditio libelli* (art. 569 do Código de Processo Penal). Mas nem era caso.[21]

L. Outra causa é porque a denúncia original não se ressentia de vício algum, perante a já invocada jurisprudência assente do Supremo Tribunal Federal, que, em caso de incompetência superveniente, reputa **válida**, independentemente de ratificação, denúncia que, antes de o juízo declinar de parte de sua competência, lhe tenha oferecido o órgão acusador federal, então legitimado, sobretudo, como sucedeu aqui, quando, no processo desmembrado, tenha sido ratificada por órgão homólogo estadual e, na primeira instância, passe a atuar outro representante do mesmo Ministério Público.

Tanto eram competentes ambos os juízos declinantes e válida a denúncia, que esta foi recebida pelo Superior Tribunal de Justiça e pelo Tribunal de Justiça do Distrito Federal, em relação aos acusados titulares de foro especial. E, mais, essas duas egrégias Cortes bem poderiam, se lhes fosse de bom aviso, ter, cada qual, recebido a denúncia, contra todos no

---

[21] A demasia do ato do representante distrital do Ministério Público foi a ponto de, nas suas novas denúncias, incluir fatos conexos imputados a 3 (três) outras pessoas que, como já se viu, não constavam da denúncia primitiva que anulou. Não fosse írrito, por outras razões, seu ato, nisso já teria violentado o disposto no art. 569 do Código de Processo Penal, que não tolera aditamento para *"para incluir novos acusados e/ou fatos na peça acusatória"* (OLIVEIRA, Eugênio Pacelli de; FISCHER, Douglas. *Comentário ao código de processo penal e sua jurisprudência*. 1ª ed. 2ª tir. RJ: Lumen Juris, p. 1034, nº 569. Grifos nossos).

PARECERES DE DIREITO PENAL

primeiro caso, ou, no segundo, contra os demais acusados, porque eram competentes para fazê-lo. Só o não fizeram pelas razões já avançadas de conveniência processual.

M. Acresça-se ilegalidade não menos ruidosa. Supondo-se, por epítrope, fosse hipótese legal de separação de processos, só poderia determiná-la **o juízo**, se, de ofício ou a requerimento de qualquer das partes, a reputasse conveniente (art. 80 do Código de Processo Penal). É certo que não raras vezes o reputam os juízes, a quem a lei reserva competência para desmembramento de processos. Mas o que se não deve esquecer – antes, é muito de advertir – é que, ao ordenar separação de processos nos termos da lei, *o juiz não invalida nunca a denúncia*! Muito ao contrário, pressupõe-na *válida*, pela razão óbvia de que, se inquinada de nulidade, tem de pronunciá-lo abortando a ação penal. Pois não é que, no caso, o promotor público pretendeu exercer prerrogativa processual do juiz da causa, agravando a usurpação com invalidamento da denúncia original que nem sequer esse poderia decretar em desmembramento!

N. A ilicitude vai além. Não pode escapar nem a observador desatento que, para além dessoutras causas exuberantes de nulidade da fragmentação, esta implicou em soleníssimo **descumprimento** do acórdão do Conselho Especial do Tribunal de Justiça do Distrito Federal, que, ao desmembrar o processo, decidiu, com acerto, fossem os autos encaminhados ao juízo competente do primeiro grau para que desse prosseguimento ao feito, não para despropositada invalidação da denúncia pelo promotor público. Eis o teor inequívoco do dispositivo do aresto, que é cópia textual da conclusão do Relator:

> "5. Determinou-se o imediato encaminhamento de cópia integral destes autos, com a maior brevidade possível e independentemente do trânsito em julgado desta decisão, ao ilustre Juízo de Primeiro Grau competente **para dar prosseguimento ao feito em relação aos demais indiciados**, decidindo como entender de direito" (fls. 8238 e verso. Cf. tb. fls. 8244[22]).

O. São, ademais, até por consequência, de todo impertinentes os acórdãos que se opõem às teses aqui perfilhadas. Nenhum deles legitima anulação, pelo próprio representante do Ministério Público, de denúncia válida. O primeiro é do o julgamento de recurso contra decisão monocrática pro-

---

[22] Trecho final do voto do Relator, Des. Flavio Rostirola. Os grifos são nossos.

ferida no Inq. nº x.xxx, onde o Supremo Tribunal Federal, depois de reafirmar a possibilidade inegável de separação de processos por **ordem do juiz**, *"com base na conveniência da instrução e na racionalização dos trabalhos"*, nos termos do art. 80 do Código de Processo Penal, manteve processo iniciado com denúncia subentendida **válida**, *"apenas em relação ao parlamentar que tem prerrogativa de foro"*.[23] Não admitiu, de modo explícito, nem implícito, que, no desdobramento, pudesse o Ministério Público invalidar e fragmentar a denúncia quanto aos demais denunciados. Em suma, tal decisão nada tem a ver com o presente caso!

E não é mais aproveitável o segundo, figurado no julgamento do HC nº xx.xxx, no qual o Superior Tribunal de Justiça apreciou hipótese em que, contra o mesmo paciente, foram oferecidas **duas denúncias sucessivas**, mas por *"fatos distintos"*, razão por que concluiu possa o *"Ministério Público cindir as imputações em diversas denúncias na tutela do bem jurídico"*,[24] que é coisa corriqueira na praxe judiciária. Como se vê nítido, não houve ali cisão ou invalidação parcial dalguma denúncia oferecida, nem, muito menos, afirmação de tese ajustável ao caso, onde uma única denúncia válida foi anulada e transformada, pelo Ministério Público, em quase duas dezenas de novas denúncias, *pelos mesmos fatos*.

7. Doutras Consequentes Injúrias ao Devido Processo Legal

P. Reconhecida pelos tribunais e até por todos os membros intervenientes dos Ministérios Públicos, a conexão dos fatos é, no caso, **incontroversa** e, como tal, à míngua de motivo de relevo superior, impunha fosse mantida a unidade do processo para instrução e julgamento unitários da denúncia, na forma correta em que o concebeu, na origem, o representante do Ministério Público Federal, após escoimar outros fatos conexos suscetíveis de apuração em separado. Pouco se dá haja o órgão acusador de primeiro grau justificado a fragmentação sob pretexto de os fatos, *"embora conexos"*, serem *"independentes"*. A individualidade teórica de cada fato é óbvio pressuposto necessário da conexidade, pois, se não fossem distintos na sua individualidade jurídico-criminal, os fatos entrelaçados nunca poderiam ser tidos por conexos.

---

[23] **Inq nº 2.527-AgRg-PB**, Pleno, rel. Min. Ellen Gracie, j. 18.02.2010, DJe 26.03.2010.
[24] **HC nº xx.xxx-RJ**, 5ª Turma, rel. Min. Arnaldo Esteves Lima, j. 17.06.2010, DJe 02.08.2010.

Q. Não há dúvida tampouco de que estão tipificadas aqui as três modalidades de conexão: a *intersubjetiva concursal*, (art. 76, I, do Código de Processo Penal), transparente, dentre outras circunstâncias, sobremodo à imputação do delito de organização criminosa; a *objetiva* (art. 76, II), retratada na acusação de lavagem de dinheiro; e a *instrumental* (art. 76, III), visível ao fato de que a prova dalgumas das infrações atribuídas, ou de qualquer de seus elementos, pode influir na prova doutras.[25]

R. Ora, seu reconhecimento postula unidade de instrução e decisão sob a forma de *simultaneus processus*, por não poucas razões exasperadas pelo absurdo número de processos independentes que resultaram da divisão da denúncia. Tal excesso torna, desde logo, na pratica, impossível assegurar a chamada finalidade epistemológica da conexão, enquanto dá ao juiz, na instrução unitária, uma visão ampla que tende a permitir-lhe reconstrução menos imperfeita dos fatos,[26] a qual é condição básica para ditar uma *sentença justa*, como a mais importante garantia individual inerente ao justo processo da lei (*due process of law*).

A instrução de cada um dos dezessete processos encontra-se em fases não coincidentes entre si. Este descompasso gera necessidade de, várias vezes, sobre o mesmíssimo fato, interrogar os réus, em particular o recorrente, sujeito a dez processos, e inquirir as testemunhas, cujos relatos podem, por intuitivos fatores naturais, sobretudo ligados ao transcurso do tempo, apresentar dissonâncias capazes de comprometer a certeza do juiz, a qual não é favorecida pela dispersão e distância temporal das provas. Tudo, com a censurável agravante de, não tendo sido reproduzidos os autos originais em cada processo, em muitos terem sido sonegados documentos relevantes da defesa e, até, *mirabile dictu*, procurações dos patronos! Tais vicissitudes comprometem condição essencial à produção de uma decisão reta, porque frustram a possibilidade de prover o juiz do máximo de informações factuais confiáveis, de modo que não há, aí, garantia de **sentença justa**, sem a qual não há respeito ao *due process of law*!

S. Não o há ainda porque, devendo ser expedidas 17 (dezessete) sentenças, quando havia de sê-lo uma única, não logrará o magistrado fazer

---

[25] Cf. **Marques**, José Frederico. *Op. cit.*, pp. 286-290, § 50, nº 3-6.

[26] **Badaró**, Gustavo Henrique; **Bottini**, Pierpaolo Cruz. *Lavagem de dinheiro: aspectos penais e processuais penais. Comentários à Lei 9.613/1998, com as alterações da Lei 12.683/2012*. São Paulo: Revista dos Tribunais, 2012, p. 234.

justiça aos réus, ao fixar-lhes a pena em hipotética condenação por delitos praticado em concurso, que precisará discernir de crime continuado, pois, *"na conexão por concurso, ... somente o julgamento conjunto de todas as infrações é que permitirá a demonstração completa da participação individualizada de todos os réus em todos os fatos delituosos, e não apenas naquele em que determinado acusado praticara atos típicos de execução"*.[27]

Falhará, nisso, também a própria eficácia da jurisdição penal, até porque, doutro lado, já sobrecarregada, terá, com o acréscimo inútil de quase uma vintena de processos, reduplicada a extensa pauta do juízo para realização de múltiplas audiências, com dispêndio improfícuo, que a mera observância da lei evitaria, de tempo, custos materiais e prejuízo doutras causas, talvez ainda mais urgentes. Um verdadeiro desperdício de energias.

T. A gravíssima das consequências, porém, está na lesão direta aos direitos constitucionais dos réus, por ofensa à ***ordem do processo***, ao ***contraditório*** e à ***ampla defesa***.

O Ministério Público de primeiro grau invalidou e substituiu a denúncia primitiva por dezessete novas peças acusatórias, depois de os denunciados terem apresentado defesa preliminar na forma do art. 4º, *caput*, da Lei nº 8.038, de 28 de maio de 1990, que, incidente, disciplinava essa fase processual ao tempo em que o processo estava submetido à jurisdição do Superior Tribunal de Justiça. E, como era de sua natureza, tais defesas, cuja validez subsiste por conta da validade de todos os atos processuais anteriores aos desdobramentos, arguiram defeitos das imputações e avançaram argumentos de inocência. Ora, o oferecimento das novas denúncias após ciência induvidosa do teor dessas defesas, sem audiência dos denunciados, teve por escopo dominante *responder*, na reestruturação da peça acusatória original, a todas as arguições já conhecidas, **dificultando** ainda mais, em cada processo, o pleno exercício dos *direitos defensivos* dos acusados, aos quais **surpreendeu** com essa ilegal inversão da ordem das ações linguísticas que caracteriza o contraditório penal, ofendendo ainda o princípio da *segurança jurídica*. O prejuízo aqui está *in re ipsa*.

Sua prova cabal está na correção, operada nas novas denúncias quanto ao delito de lavagem de dinheiro, da ***inépcia*** que levou o Superior Tribunal de Justiça a rejeitar, a respeito, a denúncia original, que o não teria

---

[27] **OLIVEIRA**, Eugênio Pacelli de. *Curso de processo penal*. 10ª ed. RJ: Lumen Juris, 2008, p. 249, nº 7.8.4. Grifos do original.

descrito *quantum satis*, como se vê claro ao voto prevalente da Min. Maria Thereza de Assis Moura:

> "c) sobre o crime de lavagem de dinheiro – sobre esta imputação não tenho dúvidas: a denúncia se mostra absolutamente vaga e imprecisa, porquanto usa de argumento cuja legalidade não me convence. Dizer que o recebimento das supostas propinas, sem indicar de onde vieram, e o mero repasse aos referidos deputados também comprovaram o crime de lavagem, não encontra sustentação no tipo penal, que tem por núcleo o ato de ocultar. Repita-se, não foi explícita a exordial acusatória no tocante à conduta de ocultação ou dissimulação de origem, localização, disposição, movimentação ou propriedade de bens, direitos ou valores, que teriam sido provenientes de outros delitos apresentados. Por outro lado, não se esclareceu qual seria, concretamente, o crime antecedente, apenas se mencionando que o fato de o acusado guardar ou estar de posse da quantia da corrupção ativa configuraria o crime em questão; o que não me parece acertado. Em hipóteses tais, esta Corte tem determinado o trancamento da ação penal".

Tal correção era já em si inadmissível como produto da invalidação ilegal da primeira denúncia, mas revela o propósito que lhe orientou a fragmentação ao pretender extirpar vício que, insanável no processo originário, favorecia à defesa.

U. Essa inversão gravosa é incompatível com a ordem imposta, na área penal, pelo princípio do justo processo da lei (*due proces of law*), que garante à defesa *falar por último*, consoante já relembramos.

E, sobre ser exigência intrínseca dessa garantia constitucional, o direito de falar por último decorre, também, do próprio sistema normativo subalterno, como se vê, sem esforço, a diversos preceitos do Código de Processo Penal. As testemunhas da acusação são ouvidas antes das arroladas pela defesa (art. 396, *caput*). É conferida vista dos autos ao Ministério Público e, só depois, à defesa, para pedir diligências complementares (art. 499), bem como para apresentação de alegações finais (art. 500, I e III). A defesa manifesta-se depois do Ministério Público ainda quando funcione este apenas como *custos legis*, o que ocorre nas ações penais de conhecimento, de natureza condenatória, de iniciativa privada: determina o art. 500, § 2º, que o Ministério Público, nesses casos, tenha vista dos autos depois do querelante – e, portanto, antes do querelado. O próprio RISTF, no art. 132, § 5º, tem previsão análoga à do art. 500, § 2º, do CPP.

Dentre outros, esses argumentos fundamentaram voto que o Supremo Tribunal Federal nos deu a honra de acolher, quando nele tivemos assento, em caso por nós relatado e cuja ementa sintetiza a opinião da excelsa Corte:

"AÇÃO PENAL. Recurso. Apelação exclusiva do Ministério Público. Sustentações orais. Inversão na ordem. Inadmissibilidade. Sustentação oral da defesa após a do representante do Ministério Público. Provimento ao recurso. Condenação do réu. Ofensa às regras do contraditório e da ampla defesa, elementares do devido processo legal. Nulidade reconhecida. HC concedido. Precedente. Inteligência dos arts. 5º, LIV e LV, da CF, 610, § único, do CPP, e 143, § 2º, do RI do TRF da 3ª Região. No processo criminal, a sustentação oral do representante do Ministério Público, sobretudo quando seja recorrente único, deve sempre preceder à da defesa, sob pena de nulidade do julgamento."[28]

V. São, todavia, ainda mais tangíveis os prejuízos da defesa, a começar pelos gravames materiais consequentes ao agravamento dos ônus dos réus, que, com o fracionamento da denúncia primitiva em dezessete outras, foram obrigados a arcar com encarecimento das despesas de contratação de patrono, de interrupção do trabalho para comparecer às numerosas audiências e interrogatórios e, até, de produção e reprodução multiplicada de documentos para instruir todos os autos reconstituídos de modo deficiente e aleatório, quando deveriam ser cópias fiéis dos originais. Vai muito entre defender-se de um e de dez ou dezessete processos!

E remata o quadro lesivo das injúrias constitucionais, o dano específico à dignidade da pessoa humana dos réus, substanciado na ***dor moral*** de responder, injustamente, a numerosos processos ao mesmo tempo.

É que a pendência de processo penal constitui, em si mesma, carga e signo social altamente negativos; o acusado padece o processo penal.[29] Carregado de simbolismos, produz ele efeitos indeléveis em quem responde a acusação formal, ainda quando esta resulte em definitiva sentença absolutória.

---

[28] **HC nº 87.926-SP**, Pleno, rel. Min. Cezar Peluso, j. 20/02/2008, *LEX – JSTF 356/ 349*.

[29] **Pitombo, Sérgio Marcos de Moraes**. *Inquérito policial: exercício do direito de defesa. Boletim do Instituto Brasileiro de Ciências Criminais*, São Paulo, ano 7, n. 83, edição especial, p. 14, out. 1999. No mesmo sentido, cf. **Moura, Maria Thereza Rocha de Assis**. *Justa causa para a ação penal: doutrina e jurisprudência*. São Paulo: Revista dos Tribunais, 2001, p. 246.

No processo civil, o que está em risco quanto à pessoa do réu é apenas a chamada esfera de *liberdade jurídica*. O réu do processo civil defende-se tão só para resguardar o conjunto de direitos subjetivos e de poderes em que se resolve essa liberdade, evitando seja degradada, diminuída ou restringida por efeitos de eventual sentença favorável ao autor. Sua posição processual básica consiste, pois, em tentar forrar-se a decisão que lhe venha, de algum modo, a atingir o espaço da liberdade jurídica. No processo penal, contudo, está em jogo a *liberdade física* do acusado, vista como um dos mais importantes e sensíveis direitos da personalidade. Daí a substancial diferença quanto à disciplina, entre outros temas, da incoação de ambos os processos. O processo civil pode legitimamente iniciar-se sem particular gravame, nem prova dos fatos fundantes da pretensão deduzida pelo autor; o processo penal, este já não o pode, porque o impedem as consequências, que são outras e graves.

A pendência do processo penal implica ao réu pesadas consequências, assim do ângulo prático, como teórico. A despeito da garantia constitucional da proibição de prévia consideração de culpabilidade,[30] a só pendência do processo penal representa sempre, perante a sociedade, um estigma, um sinal infamante, reconhecido como tal não apenas por preconceito. O processo criminal, nesse sentido, constitui palco das chamadas *"cerimônias degradantes"*, porque tem por definição e objeto a apuração da acusação de um fato ou ato que, por ser crime em tese, é, ainda nessa condição hipotética, sempre abjeto do ponto de vista do seu significado ético e social. Assim, sobre atingir, em potência, o *status libertatis* do cidadão, atinge-lhe, em ato, sobretudo o **status dignitatis**.

Este desonroso significado ético e social é ainda o substrato da concepção jurídica, segundo a qual o próprio ordenamento considera a mera pendência de processo criminal como autêntica coação ou constrangimento. Por vê-lo claro, basta acarear o disposto nos arts. 647 e 648, incs. I e VI, do Código de Processo Penal, cuja conjugação demonstra que a própria lei qualifica como coação ou constrangimento ilegal a existência de processo a que falte justa causa ou seja nulo. Donde, a pendência de processo criminal é, a *contrario sensu*, também do ponto de vista normativo, constrangimento ou coação,[31] ainda quando ilegal não seja.32

---

[30] Art. 5º, inc. LVII.

[31] **Pitombo, Sérgio Marcos de Moraes**. *Breves notas em torno da coação processual penal. Ciência Penal*. São Paulo: Bushatsky, 1973, vol. I, p. 107-110.

W. Logo, para se exercer e instaurar ação penal, é indispensável juízo rigoroso e fundamentado de controle da legitimidade desse exercício e, perante o qual, não pode subsistir inusitada anulação de denúncia válida, transformada em dezessete outras sobre os mesmos fatos, contra os mesmos réus, por órgão destituído de atribuições e competência para fazê-lo, tudo em dano dos réus. Sob o aspecto agora versado, esse comportamento ilegítimo incorreu na **proibição de excesso**, a qual é reflexo ou efeito da sua reprovação à luz do critério hermenêutico da proporcionalidade *stricto sensu*, cujo juízo deve governar a regra da concordância prática na colisão de direitos fundamentais, desenhada aqui entre *ius puniendi* e *ius libertatis*, com manifesto aniquilamento deste no seu núcleo essencial.

8. Conclusão

X. Do exposto, estamos em que deve provido o recurso ordinário em *habeas corpus*, para fim de pronúncia da *nulidade absoluta* das 17 (dezessete) denúncias, do seu recebimento e dos correspondentes processos, entre os quais estão os 10 (dez) a que responde o recorrente, retornando o feito ao estado de apreciação, pelo juízo da 7ª Vara Criminal, da denúncia originária.

É o que, salvo melhor juízo, nos parece.

Brasília, 21 de março de 2016.

---

[32] A propósito, cf. nosso longo voto vencedor no STF, **INQ nº 2.033-DF**, Pleno, rel. Min. Nelson Jobim, j. 16.06.2004, DJ de 17.12.2004.

11
Crime Societário. Denúncia Genérica e Teoria do Domínio do Fato

1. AÇÃO PENAL. Crimes societários. Infração aos arts. 90 e 96, inc. V, da Lei federal nº 8.666, de 1993, cc. art. 1º, inc. III, do Decreto-lei nº 201, de 1967, e arts. 29, 30 e 71 do CP. Denúncia genérica. Falta de exposição circunstanciada dos fatos criminosos. Atos da empresa atribuídos, de modo presumido, aos administradores, sem descrição de ações pessoais destes. Caso de responsabilidade solidária objetiva. Inépcia caracterizada. Falta de justa causa. Inteligência dos arts. 41, 156, 188, *caput* e incs. I, V e VII, 381, inc. I, e 384 do CPP, e art. 5º, incs. LIV e LV, da CF. Ofensa aos arts. 13, 18, 20 e 26 do CP, cc. art. 5º, incs. XLV e XLVI, da CF. C. *Falta justa causa à ação penal por prática de crimes societários, desencadeada por denúncia genérica que, relatando atos da empresa, os atribui a título de ilícitos, por presunção, aos administradores, sem descrever-lhes as ações pessoais que configurariam responsabilidade penal de cada um.*

2. AÇÃO PENAL. Crime societário. Autoria mediata. Atribuição a administradores de empresa mercantil que não constitui organização criminosa. Invocação da chamada *teoria do domínio do fato*. Inaplicabilidade. *Só se aplica, de modo excepcional, a chamada **teoria do domínio do fato**, quando se trate de delito cujas autorias, imediata e mediata, se atribuam a membros de empresa que, sob a aparência formal de sociedade mercantil, constitua, em sentido próprio, organização criminosa, como tal dotada de aparato de poder.*

1. Consulta

A. O ilustre advogado JLOL dá-nos a honra de consulta sobre aptidão de denúncia criminal, apresentada por procuradora da República, perante o Juízo da 1ª Vara Federal da Subseção Judiciária de Americana, contra os seus clientes SM e EA, os quais, em alegada condição de sócios administradores da empresa CE Ltda., participante de consórcio vencedor de concorrência pública para obras municipais, teriam, segundo a acusação, na execução do contrato, em associação com codenunciados, praticado os delitos previstos nos arts. 90 e 96, inc. V, da Lei federal nº 8.666, de 21 de junho de 1993, cc. com o art. 1º, inc. III, do Decreto-lei nº 201, de 27 de fevereiro de 1967, e arts. 29, 30 e 71 do Código Penal.

2. Dos Requisitos Teóricos de Denúncia Apta

B. O art. 41 do Código de Processo Penal, com grifos nossos, exige:

> "A **denúncia** ou queixa **conterá a exposição do fato criminoso, com todas as suas circunstâncias**, a qualificação do acusado ou esclarecimentos pelos quais se possa identificá-lo, a classificação do crime e, quando necessário, o rol das testemunhas. "

Como proposta de modelo de sentença condenatória, a denúncia fixa o núcleo substantivo da causa, governa o rumo de toda a instrução e, como objeto de resposta, delimita o campo do *iudicium*, como capítulo último da sentença, porque é ao redor da denúncia que se estrutura e desenvolve todo o processo, do início ao trânsito em julgado do provimento jurisdicional. Esta verdade jurídica, que nasce já da intuitiva percepção do processo penal como alvo das garantias constitucionais enfeixadas na cláusula do justo processo da lei, ou *due process of law* (art. 5º, incs. LIV e LV, da CF), e, ainda, como instrumento primário da tutela da liberdade e da dignidade da pessoa humana, encontra confirmação expressa em múltiplas normas do Código de Processo Penal.

O art. 156 atribui o ônus da prova da alegação sobre a existência ou inexistência de fato, a quem a faça. Segundo o art. 188, o réu, após *"cientificado da acusação"*, deverá ser inquirido sobre *"onde estava ao tempo em que foi cometida a infração e se teve notícia desta"*, *"se é verdadeira a imputação que lhe é feita"*, bem como sobre *"todos os demais fatos e pormenores que conduzam à elucidação dos antecedentes e circunstâncias da infração"* (*caput* e incs. I, V e VII). O art. 381, inc. I, impõe que a sentença contenha exposição da acusação. O art.

384, *caput*, consagra, em óbvia reverência ao princípio do devido processo legal, nas suas vertentes do contraditório e da ampla defesa, o nexo indissolúvel entre o teor da acusação, o curso da instrução, a plenitude da mesma defesa e os limites da sentença, quando impõe reabertura da instrução, sempre que o juiz reconheça a possibilidade de nova qualificação jurídica do fato, agora à vista de prova de circunstância elementar não constante da denúncia. No § único, prevê, ainda, aditamento da denúncia, com faculdade de manifestação da defesa e de prova contraditória subsequente, se a possibilidade de nova qualificação jurídica do fato importar aplicação de pena mais grave. E ambas essas normas evidenciam que qualquer mudança nos termos da imputação do fato criminoso implica necessidade de nova instrução, ou seja, o teor da acusação predefine sempre os rumos da instrução criminal e os passos da defesa.

Nem poderia ser diferente. Tendo o processo caráter dialético, ou agônico, todos os movimentos de contradição linguística ou real à acusação, nos quais se radica a substância do exercício da ampla defesa, somente podem dar-se perante acusação plena, certa e conhecida. Como pode a defesa perseguir a absolvição, se não tenha ciência nítida do **fato** circunstanciado imputado ao réu? Não é outra a razão por que o art. 386 relaciona, em todos os incisos, as causas típicas da sentença absolutória às vicissitudes processuais da valoração jurídica do fato atribuído ao réu.

Resta indagar qual é o título jurídico da sentença condenatória. Ninguém tem dúvida de que o réu é condenado pela prática do **fato** narrado na denúncia, contra cuja imputação devem ter-lhe sido garantidas todas as oportunidades, legais e justas, de se defender, e não, por conta doutro **fato** que, revelado apenas nas entranhas da prova judicial, não constituiu objeto de acusação prévia, formal e específica, mas que, se o houvera constituído, poderia ser contraditada segundo as regras do justo processo da lei.

3. Da Inépcia Concreta da Denúncia Apresentada

C. Essas são breves razões por que nos parece insustentável a continuidade do processo contra SM e EA, sem viabilizar o exercício do contraditório e da ampla defesa, quando falta à prolixa mas deficiente denúncia a individualização circunstanciada de comportamentos que tipificariam os delitos que lhes são imputados. A denúncia não traz descrição de nenhum fato específico, capaz de caracterizar a participação dos réus na suposta empreitada criminosa.

D. À vista daquela decisiva importância da denúncia como ato linguístico que fixa o objeto da ação penal e predetermina os rumos do processo, até quanto às variáveis dos procedimentos, e, portanto, a amplitude do exercício da defesa, é que, com apoio de imperturbável jurisprudência, a doutrina se cansa de advertir que "*a narração deficiente ou omissa, que impeça ou dificulte o exercício da defesa, é causa de nulidade absoluta, não podendo ser sanada porque infringe os princípios constitucionais*".[1]

Porque está em franca hostilidade com as garantias constitucionais do justo processo da lei (***due process of law***), sobretudo com suas exigências do contraditório e da ampla defesa (art. 5º, incs. LIV e LV, da CF), as quais envolvem possibilidade de intervenções processuais oportunas e eficazes, essa nulidade radical e absoluta não é alcançada da preclusão, em não se lhe aplicando as regras subalternas previstas no art. 572 do Código de Processo Penal. É que nenhuma norma de escalão inferior pode, sob pretexto de preclusão temporal, convalidar sentença condenatória proferida ao cabo de processo em que, por deficiência da denúncia, se haja subtraído ao réu condição primária e essencial para o exercício do contraditório e da ampla defesa. Carece de justa causa a ação penal desatada por denúncia que, omitindo a identificação cabal dos hipotéticos atos criminosos atribuídos aos réus, não lhes permite defender-se do que não sabem!

E. Ora, no caso da consulta, à longa denúncia falta atribuição de fatos precisos e típicos aos dois réus, acusados na *mera e suposta condição de sócios administradores da empresa CE Ltda.*, quando, na verdade, aliás, eram apenas seus administradores,[2] sem nunca terem sido sócios dessa empresa, nem da *BPP Ltda.*, nem tampouco da *BEIC Ltda.*, as quais, segundo a denúncia, teriam sido fornecedoras de materiais para as obras de canalização. Mas suponha-se que o fossem.

Embora a pretensão punitiva seja de os condenar pelos crimes descritos nos arts. 90 e 96, inc. V, da Lei federal nº 8.666, de 21 de junho de 1993, cc. com o art. 1º, inc. III, do Decreto-lei nº 201, de 27 de fevereiro de 1967, e arts. 29, 30 e 71 do Código Penal, não cuidou a denúncia de, na forma circunstanciada exigida pelo art. 41 do Código de Processo Penal, descrever

---

[1] **GRINOVER**, Ada Pellegrini; **FERNANDES**, Antonio Scarance; **GOMES FILHO**, Antonio **Magalhães**. *As Nulidades no processo penal*. São Paulo: Revista dos Tribunais, 7ª ed., 2001, p. 97. Grifamos.

[2] **SM** já nem é sequer administrador da *CE Ltda.*, da qual se desligou em **2014**.

CRIME SOCIETÁRIO. DENÚNCIA GENÉRICA E TEORIA DO DOMÍNIO DO FATO

fatos que teriam praticado e, em confronto com tais normas, conduziriam à adequação típica. O que fez foi só relatar comportamentos atribuídos à *empresa*, a qual, na qualidade de partícipe do *Consórcio Parque*, vencedor de licitação para execução de obras de canalização e urbanização de três parques e implantação doutro às margens de ribeirão, com recursos federais, teria, em conluio com a compartícipe DC S.A., alterado, sem autorização do BNDES e do Ministério das Cidades, o objeto licitado, tornando mais onerosa, em proveito próprio, a execução do contrato, durante a qual o Consórcio desviou dinheiro para um único projeto de parque e se beneficiou de superfaturamento e outros artifícios danosos ao erário.

Dos quatro primeiros capítulos, que antecedem ao das *autorias delitivas*, onde deveria estar a individualização das condutas pessoais, tiram-se à repetitiva e confusa denúncia, não sem dificuldade, três coisas relevantes. A primeira, que o projeto executivo, contratado pelo *CP* à empresa VFE Ltda., cujo sócio-gerente, não identificado pela denúncia, faria parte da HC Ltda., desde 2004, é que modificou o objeto adjudicado (fls. 1368 verso, 1371 verso e 1375) (*a*). A segunda, que tais alterações, feitas sem autorização do BNDES e do Ministério das Cidades, implicaram aumento do valor orçado, mediante redirecionamento dos recursos só paras as obras do córrego do Parque e contratação de serviços adicionais de preços superiores aos de mercado, na ordem de 69% (fls. 1372, verso e 1373) (*b*). E a terceira, que nisso teria consistido o desvio de recursos públicos em proveito próprio, mediante "*jogo de planilhas*"[3] (fls. 1371 e 1373) (*c*). Não há, neste passo, outros fatos importantes ao desfecho da ação penal, senão particularidades históricas sem repercussão no âmbito de estima da *tipicidade* dos fatos.

F. Como desses capítulos não se extrai descrição de atos de *pessoas físicas*, mas tão só da pessoa jurídica *CE Ltda.*, enquanto participante do *CP* e *representada pelos dois réus*, tidos pela denúncia como *sócios administradores*, embora sejam apenas meros administradores, mas sem especificação de conduta própria, é mister chegar ao último deles, intitulado "*V -Das Autorias Delitivas*", para ver se aí lhe encontramos a necessária descrição de fatos que, imputáveis às **pessoas físicas** dos réus, corresponderiam à acusação genérica de fraude à licitação e de desvio de verbas públicas. Mas a

---

[3] A expressão, não explicada, pode significar alegação de aumento dos custos dos itens de materiais e serviços constantes da planilha orçamentária das obras. Ou coisa equivalente. Não se sabe.

colheita não é mais proveitosa, como se nota desde logo aos trechos menos insignificantes:

(*i*) "Os indícios de 'conluio' entre os acusados pode ser percebido pelos atos de seus representantes, como, **por exemplo,**[4] o CP, vencedor da licitação contratou a empresa VFE Ltda. para elaboração do Projeto Executivo, o que modificou, sensivelmente, o projeto original, a ponto de descaracterizá--lo." (fls. 1375)

[...]

(*ii*) "... o acusado **S**, administrador da empresa Estrutural também é sócio--administrador da empresa BPP Ltda., fornecedora de material pétreo para a obra de canalização. Saliente-se que o Projeto Executivo, elaborado por empresa subcontratada pelo CP promoveu alterações no Projeto Básico que resultaram em aumentos significativos nas quantidades de materiais pétreos utilizados na obra. Da mesma forma, apurou-se que a empresa fornecedora das aduelas pré-moldadas (BEIC Ltda.), que também tiveram seu uso significativamente alterado pelo Projeto Executivo, tem o mesmo sócio-administrador, **SM**... Nesse contexto, concluiu o relatório de ação de controle da CGU sobre a existência de *vínculos entre as empresas*[5] envolvidas no empreendimento, desde a elaboração dos pacotes técnicos até a execução das obras, que certamente foram essenciais para as fraudes perpetradas e o desvio de recursos públicos." (fls. 1375 e verso).

[...]

(*iii*) "Dessa forma, DDN e FB, ... juntamente com... **SM, EA**... frustraram e fraudaram o caráter competitivo do procedimento licitatório..., mediante vários expedientes fraudulentos, com o propósito de proporcionar vantagem indevida decorrente da adjudicação do objeto da licitação para as pessoas jurídicas das quais H, **S, E**... eram sócios, sem a devida competitividade, com valores superfaturados." (fls. 1375 verso)

[...]

(*iv*) "Também de forma consciente e voluntária, ... **SM, EA**..., em conluio e unidade de desígnios, fraudaram licitação pública para a execução das obras..., alterando sensivelmente o objeto licitado, tornando injustamente mais onerosa a execução do contrato, em prejuízo da Fazenda Pública..." (fls. 1375 verso)

[...]

---

[4] Grifos nossos.
[5] Grifos nossos.

CRIME SOCIETÁRIO. DENÚNCIA GENÉRICA E TEORIA DO DOMÍNIO DO FATO

(*v*) "Finalmente, ... **SM** e **EA**, ambos sócios-administradores da empresa 'CE Ltda.", ... desviaram e utilizaram-se, em proveito próprio ou alheio, de verba pública de que o então prefeito tinha a posse em razão do cargo..." (fls. 1376)

G. Como se vê nítido, não há descrição alguma de atos pessoais dos réus que pudessem significar-lhes participação individualizada na pretensa e confusa trama criminosa, que se atribui apenas às pessoas jurídicas.

Não o há no primeiro trecho (*i*), pela razão óbvia de não constituir crime a subcontratação de empresa para elaboração de projeto executivo, até porque, por definição, essa modalidade de projeto pode até importar mudanças substantivas do original, sem configurar ilícito. De todo modo, não há menção, que seria indispensável, a ordem *pessoal* dos réus para alteração maliciosa do projeto primitivo, a qual, aliás, é tida como *mero exemplo* de indícios de conluio que não está descrito![6]

Não o há no segundo (*ii*), porque alude, expressamente, a pretensos *vínculos entre empresas*. Depois, S não é sócio, nem administrador de provedoras de material para as obras, mas, se o fosse, isso não caracterizaria, em si, crime algum, se os preços foram os de mercado.

Não o há, muito menos, no terceiro (*iii*), pelo curto motivo de não estarem explicitados os supostos expedientes fraudulentos, nem sequer enunciada a razão por que superfaturamento ulterior subtrairia competividade a licitação já encerrada!

Não o há ainda no subsequente (*iv*), pois a alegada alteração do objeto adjudicado foi obra, segundo a denúncia, do projeto executivo de terceiro, designadamente da empresa VFE Ltda., sem menção de malicioso acordo prévio que pudesse incriminar os dois réus.

E não o há no último (*v*), pela ausência absoluta de relato do modo como ambos os réus teriam desviado verba pública, sem que a denúncia tenha decidido que o teriam feito em benefício próprio ou alheio!..

H. Por inquinar a denúncia, inviabilizando a ação penal contra os dois réus, bastariam tão vistosos defeitos, impregnados de impessoalidade e generalidade, as quais lhes não permitem defender-se à míngua de acusações circunstanciadas e subjetivamente identificadas. Mas há outras duas falhas não menos graves, que exasperam a inidoneidade das imputações.

---

[6] Quais seriam os outros indícios, cuja capitulação era necessária, não o diz a denúncia.

É que, em primeiro lugar, o delito previsto no art. 90 da Lei federal nº 8.666, de 1993, consistindo em artifício tendente a fraudar o caráter competitivo do procedimento licitatório, se consuma com a **homologação** do resultado do certame, independentemente de o agente obter vantagem oriunda da adjudicação do objeto licitado, de modo que é insuscetível de configurar-se com expedientes adotados só **após** a adjudicação, durante a execução do contrato. Ora, por que pudesse, pois, ser atribuído aos réus, fora mister que a denúncia lhes houvera apontado alguma forma de ajuste, combinação ou outro expediente pessoal, acertado antes ou ainda no curso da licitação, com intuito de comprometer-lhe o desenlace. Não consta, todavia, nem sequer alusão à prática de ilícito na etapa da concorrência, senão apenas, com todos os claros vícios já mencionados, **durante a execução contratual**, que, escusaria notar, é fase subsequente. Aqui, a inépcia é mais do que grosseira.

Ao depois, o crime de mão própria, inscrito no art. 1º, inc. III, do Decreto-lei nº 201, de 1967, só quadraria aos réus, que não eram prefeitos, se a denúncia, para justificar a incidência do art. 29, *in fine*, do Código Penal, lhes tivesse a ambos imputado, a título de participação, condutas circunstanciadas e específicas que representassem ajuste delituoso com o prefeito, para desvio de recurso público. O que, a respeito, se colhe à denúncia, são, porém, meras afirmações indefinidas de colusão e unidade de desígnios entre o ex-prefeito e todos os demais réus, sem contexto, nem particularização, e até incompatíveis com a narração de que, em 2012, a Prefeitura resiliu, unilateralmente, o contrato do Consórcio, em virtude de paralisação das obras (fls.1369 verso). O caso é, pois, de forma desconhecida de participação criminosa e, como tal, de **fato atípico**!

I. Em conclusão, faltam minudência e propriedade às imputações contra as *pessoas físicas* dos réus, acusados sob **presunção de culpa solidária**, baseada na só e falsa consideração de serem ambos sócios administradores de empresa partícipe de consórcio a que se atribui autoria de fatos criminosos.

Como o sabe toda a gente, *empresas* não cometem crimes. Em nosso sistema penal, a despeito do que estatui a Lei nº 9.605, de 12 de fevereiro de 1998, vige o princípio *"societas delinquere non potest"*, sendo a responsabilidade penal pessoal e, mais do que isto, subjetiva. Isto significa que só se caracteriza essa responsabilidade, diante da existência de fato certo imputável a pessoa física, a título de dolo ou culpa. Ou seja, tal responsabilidade pressupõe nexo psíquico que ligue o fato a seu autor:

CRIME SOCIETÁRIO. DENÚNCIA GENÉRICA E TEORIA DO DOMÍNIO DO FATO

"In linea di principio, si può dire che i nessi psichici attraverso i quali l'uomo 'partecipa' alla realtà del mondo esteriore, nella quale si collocano anche i suoi comportamenti sono la conoscenza e la volontà. La conoscenza, quale apprendimento della realtà circostante e rappresentazione del proprio comportamento, consente all'uomo di orientare sé e la sua condotta nel mondo. La volontà consente all'uomo di collocarsi nel mondo, nel senso di rapportarsi con la realtà esterna nel modo previamente ritenuto più confacente ai propri scopi."[7]

O princípio da responsabilidade penal pessoal contrapõe-se a uma série de *"residui di incivilità"*, como a responsabilidade objetiva, isto é, *"l'inflizione della pena a chi non abbia in alcun modo contribuito alla realizzazione del fato."[8]* Noutras palavras, *"o processo de imputação deve ter como ponto de gravidade a consideração de que só será possível atribuir-se o injusto a alguém quando sua realização possa ser afirmada como obra sua e não de terceiros."[9]*

E essa grave exigência avigora-se, quando, como neste caso, o mero poder de gestão empresarial não basta como fator individualizante de responsabilidade subjetiva dos sócios e, muito menos, de simples administradores não sócios e, por isso, carentes de autonomia ampla, aos quais não pode o dolo, ínsito em condutas específicas, ser atribuído, **de modo presumido e solidário**, a todos os que sejam administradores da empresa, só porque o sejam. *Est modus in rebus.*

Ao desatender ao ônus de atribuir aos dois réus ato ou atos concretos que de algum modo teriam concorrido para realização de crimes, é inevitável concluir tenha o órgão acusador atribuído estes àqueles, a título de **responsabilidade solidária objetiva**. Deveras, na exata medida em que a denúncia não atribuiu aos réus contribuição pessoal para a prática dos fatos supostamente criminosos ali narrados, só se pode concluir que a atribuição, isto é, o enlace entre os fatos e os agentes, é de natureza objetiva e, como tal, frontalmente contrário ao sistema jurídico-penal positivo, formado, neste ponto, pelas normas insertas no art. 5º, incs. XLV e XLVI, da Constituição da República, e nos arts. 13, 18, 20 e 26 do Código Penal.

---

[7] **PALAZZO, Francesco.** *Introduzione ai principi del diritto penale.* Torino, Giappichelli, 1999, p. 54-55.

[8] **MARINUCCI, Giorgio; DOLCINI, Emilio.** *Corso di diritto penale.* Milano: A. Giuffrè, 2ª ed., 1999, p. 318.

[9] **TAVARES, Juarez.** *Teoria do injusto penal.* BH: Ed. Del Rey, 2ª ed., 2002, p. 252.

Por isso, não se admite nunca denúncia genérica, que, deixando de imputar atos típicos a autores individualizados, nos chamados *crimes societários*, subverte as garantias constitucionais, por pretensa dificuldade de se averiguar a autoria dos crimes praticados sob as vestes da pessoa jurídica, aniquilando princípios caríssimos ao Direito Penal e ao Estado Democrático de direito, quais sejam, a responsabilidade penal pessoal, a culpabilidade e o justo processo da lei.

É o que, faz muito, superando jurisprudência complacente, assentou o Supremo Tribunal Federal:

" [...] Quando se trata de crime societário, a denúncia não pode ser genérica. Ela deve estabelecer o vínculo do administrador ao ato ilícito que lhe está sendo imputado. É necessário que descreva, de forma direta e objetiva, a ação ou omissão da paciente. Do contrário, ofende os requisitos do CPP, art. 41 e os Tratados Internacionais sobre o tema. Igualmente, os princípios constitucionais da ampla defesa e do contraditório. Denúncia que imputa co--responsabilidade e não descreve a responsabilidade de cada agente, é inepta. O princípio da responsabilidade penal adotado pelo sistema jurídico brasileiro é o pessoal (subjetivo). A autorização pretoriana de denúncia genérica para os crimes de autoria coletiva não pode servir de escudo retórico para a não descrição mínima da participação de cada agente na conduta delitiva. Uma coisa é a desnecessidade de pormenorizar. Outra, é a ausência absoluta de vínculo do fato descrito com a pessoa do denunciado. Habeas deferido."[10]

---

[10] **HC nº 80.549-SP**, 2ª Turma, rel. min. Nelson Jobim, j. 20.03.2001, DJ 24.08.2001. No mesmo sentido, só para citar alguns dentre muitos precedentes, **HC nº 70.763-DF**, rel. min. Celso de Mello, j. 20.06.1994, DJ de 23.09.1994; **HC nº 79.399-SP**, rel. Min. Nelson Jobim, j. 26.10.1999, DJ 01.06.2001, *RTJ* 179/1079; **INQ nº 1.656**, Pleno, rel. min. Ellen Gracie, j. 18.12.2003, DJ de 27.2.2004; **HC nº 83.301-RS**, 1ª Turma, rel. p/ac. min. Cezar Peluso, j. 16.03.2004, DJ 06.08.2004; **HC nº 84.409-SP**, rel. min. Gilmar Mendes, j. 14.12.2004, DJ 19.08.2005; **HC nº 84.768-PE**, rel. p/ac. min. Gilmar Mendes, j. 08.03.2005, DJ de 27.5.2005, *RTJ* 194/298 e *LEXSTF* 27/430; **HC nº 85.658-ES**, 1ª Turma, rel. min. Cezar Peluso, j. 21.06.2005, DJ 12.08.2005; **HC nº 85.948-PA**, rel. min. Carlos Britto, j. 23.05.2006, DJ 1.12.2006; **HC nº 86.879-SP**, rel. p/ac. min. Gilmar Mendes, DJ de 16.6.2006; **HC nº 89.105-PE**, rel. min. Gilmar Mendes, j. 15.08.2006, DJ de 06.11.2006, *RTJ* 201/717; **HC nº 93.683-ES**, 2ª Turma, rel. min. Eros Grau, j. 26.02.2008, DJ de 24.04.2008; **HC nº 88.875-AM**, 2ª Turma, rel. Min. Celso de Mello, j. 07.12.2010, DJe 09.03.2012; **AP nº 953**, 1ª Turma, rel. Min. Luiz Fux, j. 06.09.2016, DJe 27.04.2017; **HC nº 127.415-SP**, 2ª Turma, rel. min. Gilmar Mendes, j. 13.09.2016, DJe 27.09.2016; **HC nº 127.397-BA**, 2ª Turma, rel. min. Dias Toffoli, j. 06.12.2016, DJe 02.08.2017.

4. Da Impertinência da Teoria do Domínio do Fato

J. É, por fim, de todo inexcogitável a teoria do domínio do fato.

Por percebê-lo de pronto, convém recordar, posto simplificadamente, que, desenvolvida por Claus Roxin, em 1963,[11] a teoria versa sobre os critérios de distinção entre as figuras da autoria, mediata e imediata, e da coautoria, no caso de crimes comissivos dolosos, como resposta à diversidade das consequências jurídico-positivas. Seu pressuposto está em que os tipos penais descrevem, mais do que causações de resultados, condutas perigosas para um bem jurídico, donde, no crime doloso, autor é quem domina o acontecer que conduz à realização do delito.

Interessa-nos aqui apenas a concepção da *autoria mediata*, a qual se dá quando alguém realiza um tipo, servindo-se de outra pessoa que atue como meio e seja usada para fins próprios, de tal arte que, com essa instrumentalização, se domine, de forma mediata, o acontecer. Uma de suas hipóteses prototípicas é a de domínio da vontade em virtude de aparato organizado de poder, que garanta, como sucedia em larga escala na ditadura nazista, a execução das ordens por força da fungibilidade do *autor imediato*, o qual atua como peça intercambiável no mecanismo do aparato organizacional.

Roxin só concebe, contudo, extensão da teoria à organização de **empresa**, em *"casos de delito organizado de tipo mafioso"* e de *"organizações terroristas que têm à disposição executores intercambiáveis"*, reprovando-a como fácil solução da questão da responsabilidade no funcionamento de empresas, porque falta, aí, de regra, a intercambialidade dos executores, tal como se verifica nos crimes de Estado, nos delitos terroristas e na criminalidade organizada, onde há sempre desvinculação das organizações em relação ao ordenamento jurídico, ou seja, preordenação estrutural para atividades delituosas.

No âmbito da criminalidade de empresas mercantis, que operam no marco do ordenamento jurídico, a autoria mediata, essa perfaz-se na forma clássica de domínio da vontade por erro. Daí sua peremptória conclusão de que à teoria *"se le exige demasiado cuando se pretende aplicarla a todas las relaciones jerárquicas e imputar o atribuir el dominio del hecho a directivos de empresas mercantiles en delitos de subordinados relativos a la actividad empresarial sin tener en cuenta su forma de colaboración."*[12] Numa síntese, só se aplica, de modo

---

[11] *Täterschaft und Tathersschaft.* A obra está hoje na 9ª edição.

[12] **ROXIN**, Claus. *Derecho penal. Parte general.* T. II. Trad. da 1ª ed. alemã e notas por Diego-Manuel Luzón Peña **et alii**. Madrid: Thomson Reuters-Civitas, 2014, p. 125, § 25, nº 138.

excepcional, a teoria, quando se trate de delito cujas autorias, imediata e mediata, se atribuam a membros de empresa que, sob a aparência formal de sociedade mercantil, constitua, em sentido próprio, organização criminosa, como tal dotada de aparato de poder.[13]

Não é este, à evidência, o caso da consulta, no qual nunca se cogitou de que fosse organização criminosa a sociedade *CE Ltda.*, de que, na verdade, eram apenas administradores os réus SM e EA, aos quais a denúncia nem se preocupou tampouco em adscrever a condição de *autores mediatos* de delitos praticados, sob domínio de vontade garantido por aparato de poder hostil ao ordenamento jurídico, por subalternos fungíveis ou intercambiáveis, como *autores imediatos* ou executores de ordens.

Nada salva a denúncia.

5. Conclusão

K. Do exposto, estamos em que não pode a ação penal prosseguir contra SM e EA, devendo ser trancada de imediato, à falta exuberante de **justa causa** (art. 395, III, cc. art. 648, I, do Código de Processo Penal).

É o que, salvo melhor juízo, nos parece.

Brasília, 24 de agosto de 2017.

---

[13] Certeiro, neste ponto, o **STF**, quando, no julgamento do **HC nº 136.250-PE** (2ª Turma, rel. min. Ricardo Lewandowski, j. 23.05.2017, DJe 22.08.2017), proclamou a inaplicabilidade absoluta da teoria a membros de empresa mercantil que não esteja vocacionada à prática de ilícitos.

12
Abolitio Criminis de Crime Financeiro. Suspensão do Processo e Pena de Multa

1. AÇÃO PENAL. *Abolitio criminis*. Caracterização. Denúncia por infração ao art. 4º, inc. II, *a*, da Lei nº 8.137/90, e ao art. 27-C da Lei nº 6.385/76, incluído pela Lei nº 10.303/01. Cartel formado por operadores de instituição financeira para fixação artificial de *spread* cambial e domínio de mercado. Superveniência do art. 35 da Lei nº 13.506/17, que deu nova redação ao art. 27-C da Lei nº 6.385. Norma descriminante. Retroação benéfica. Aplicação dos arts. 2º, *caput*, e 107, inc. III, do CP, cc. art. 5º, inc. XL, da CF. *O art. 35 da Lei nº 13.506, de 2017, que deu nova redação ao art. 27-C da Lei nº 6.385, de 1976, é, em relação ao texto primitivo desta, **norma descriminante** da ação de executar manobra fraudulenta, com a finalidade de, mediante cartel, alterar artificialmente o regular funcionamento do mercado de valores mobiliários.*

2. AÇÃO PENAL. Suspensão condicional do processo. Admissibilidade. Denúncia por infração ao art. 4º, inc. II, *a*, da Lei nº 8.137/90, na redação original incidente, e ao art. 27-C da Lei nº 6.385/76. Cominação de pena alternativa de multa e de prisão não superior a 1 (um) ano. Requisito objetivo satisfeito. Interpretação do art. 89, *caput*, da Lei nº 9.099/95. Jurisprudência do STF e do STJ. *Se a lei, por imperativo de política criminal, autoriza a suspensão condicional do processo, quando a pena mínima seja de até 1 (um) ano, não pode negá-la **a fortiori**, se a de multa é cominada em alternativa que pode preexcluir a privação da liberdade.*

PARECERES DE DIREITO PENAL

1. Consulta

A. O ilustre advogado RDA dá-nos a honra de consulta sobre denúncia apresentada contra seu cliente ELH e outros, por imputação original do delito previsto no art. 4º, inc. II, *a* e *b*, da Lei nº 8.137, de 27 de dezembro de 1990, e, mediante aditamento, do tipificado no art. 27-C da Lei nº 6.385, de 7 de dezembro de 1976, incluído pela Lei nº 10.303, de 31 de outubro de 2001, em virtude de, em resumo, nos meses de outubro e novembro de 2009, ter ajustado com os codenunciados, todos operadores de instituições bancárias, cartel para fixação artificial de *spread* cambial e controle regional do mercado de câmbio, em relação a contratos a prazo com liquidação financeira, conhecidos como NDFs (*Non-Deliverable Forward*).

Sustenta o consulente duas teses. A primeira, que a redação vigente do art. 27-C da Lei nº 6.385, de 1976, introduzida pela Lei nº 13.506, de 13 de dezembro de 2017, teria operado *abolitio criminis* ao deixar de ter por criminosa a fixação cartelizada de *spread* cambial, em se limitando a punir ações de aumentar, baixar ou manter preço ou volume negociado de valores mobiliários. E a segunda, que, abstraída tal questão, a pena mínima do art. 4º, inc. II, *a* e *b*, da Lei nº 8.137, de 1990, na redação primitiva, incidente no caso, modificada pela Lei nº 12.529, de 30 de novembro de 2011, previa à de reclusão a pena alternativa de multa, e é de 1 (um) ano a pena mínima do art. 27-C da Lei nº 6.385, de 1976, de modo que faz jus o cliente a suspensão condicional do processo.

Tem razão, a nosso aviso.

2. Da Única Imputação Cognoscível ou do *Ne Bis In Idem*

B. Só uma das imputações é cognoscível.

Para formular a acusação original de ofensa exclusiva ao art. 4º, inc. II, *a* e *b*, da Lei nº 8.137, de 27 de dezembro de 1990, a denúncia descreveu, no tópico substantivo, que, como empregados de instituições financeiras, os denunciados teriam formado cartel que, atuando apenas nos meses de outubro e novembro de 2009, fixou artificialmente valores de *spread* em operações cambiais com produto conhecido como *Non-Deliverable Forward*, que é contrato a prazo com liquidação financeira, além de haver controlado mercado regional de câmbio mediante criação de empecilhos à atuação de corretores (*brokers*) e outras operadoras. Não custa observar ao propósito que, carecendo a denúncia de ***indicação da região*** do mercado cambial dominada por esse cartel de bancos, o denunciado só pode defender-se da acusação teoricamente subsumível no tipo do art. 4º, inc. II, *a*.

ABOLITIO CRIMINIS DE CRIME FINANCEIRO. SUSPENSÃO DO PROCESSO E PENA DE MULTA

E esta é a única imputação por considerar. É que, ao aditar a denúncia sob o título garrafal de *manipulação do mercado de ndf*, o representante do Ministério Público nada acrescentou, em termos de descrição histórica, ao contexto dos fatos já narrados, dos quais decorria, como circunstância ou consequência lógica da ação fraudulenta, típica do cartel, a manipulação do mercado cambial, enquanto efeito necessário do abuso do poder econômico que a lei reprova, aliás com toda a suficiência normativa, na previsão do art. 4º, inc. I, da qual a do inc. II não é mais que exemplificação ou especificação supérflua. Em linguagem direta, a ação de *"alterar artificialmente o regular funcionamento do mercado de câmbio"*, a que se reduz a novidade formal do aditamento,[1] constitui o fato mesmo que a denúncia já havia descrito ao aludir a *"controle regionalizado do mercado de câmbio"*,[2] pela razão óbvia de que quem controla mercado, mediante expediente fraudulento de cartel, altera *ipso facto*, de modo artificial e ilícito, seu regular funcionamento!

Leitura menos desatenta da denúncia e do aditamento logo revela que, neste, não se lhe não encontra, nem descobre descrição de nenhum outro fato ou ato autônomo que, capaz de corresponder ao tipo constante do art. 27-C da Lei nº 6.385, de 7 de dezembro de 1976, já se não contivesse, especificadamente, na descrição da ação fraudulenta de, por meio da formação do cartel, controlar o mercado cambial, alterando-lhe o curso regular, com o fim óbvio de obter lucro em dano alheio, a qual é a identidade da figura típica do art. 4º, inc. II, *a*, da Lei nº 8.137, de 1990, que é a só norma incidente, em tese, na espécie.

É que, a toda evidência, se está diante de *conflito aparente de normas*, que se resolve, no caso, por aplicação do critério da **especialidade**, segundo o qual *"a lei ou disposição de lei especial prepondera sobre a lei ou disposição de lei geral"*, porque, no *"concurso aparente de leis, a ação só corresponde realmente a um tipo penal; há um crime só e somente uma lei aplicável ao caso."*[3]

O que, no confronto de normas penais, corporifica a especialidade, é a presença, na conformação do tipo especial (*Tatbestand* ou *fattispecie* abstrata), de elemento ou elementos jurídicos ou factuais que a lei, para traduzir maior ou menor severidade punitiva, acrescenta ou reduz ao tipo geral, relativo à mesma classe de objeto normado. Ora, escusa muita acui-

---

[1] Fls. 86.
[2] Fls. 03
[3] **Bruno, Aníbal**. *Direito penal – parte geral*. 2ª ed.. Rio: Forense, 1959, I, tomo 1º, pp. 261 e 260.

dade intelectual para perceber, logo, à acareação dos tipos penais, que, em relação ao disposto no art. 27-C da Lei nº 6.385, de 1976, é *especial* o tipo insculpido no art. 4º, inc. II, *a*, da Lei nº 8.137, de 1990.

Seria fraqueza de espírito demonstrar que ao conceito **genérico** de crime figurado em executar operações ou manobras fraudulentas, com a finalidade de alterar artificialmente o regular funcionamento de certos mercados, para lograr vantagem indevida (art. 27-C da Lei nº 6.385, de 1976), foi *acrescida*, no suporte fático de norma penal ulterior, a particularidade factual de a ação fraudulenta, lesiva ao curso regular de qualquer mercado, dar-se por formação de cartel, que é ajuste para dominação de mercado mediante fixação artificial de preço (art. 4º, inc. II, *a*, da Lei nº 8.137, de 1990). Avulta, nesse quadro normativo, evidentíssima *especialidade* na repressão a crime contra a ordem econômica, tipificado como ação de *formar acordo* com vistas a *fixação artificial de preço* e a consequente domínio do mercado, que lhe acarreta artificial alteração do funcionamento.

3. De Epítrope e *Abolitio Criminis*

C. Supondo-se, todavia, por mera licença retórica, fossem dois os delitos cuja acusação constitui o objeto do processo penal, ainda assim só um, o definido no art. 4º, inc. II, *a*, da Lei nº 8.137, de 1990, seria excogitável em juízo preliminar.

É que lei superveniente à data do fato, a Lei nº 13.506, de 13 de dezembro de 2017, no art. 35, deu nova redação ao art. 27-C da Lei nº 6.385, de 1976, que, desde aí, entrou a punir apenas o ato de *"realizar operações simuladas ou executar outras manobras fraudulentas destinadas a elevar, manter ou baixar a cotação, o preço ou o volume negociado de um **valor mobiliário**, com o fim de obter vantagem indevida ou lucro, para si ou para outrem, ou causar dano a terceiros,"*[4] cominando penas de reclusão, de 1 (um) a 8 (oito) anos, e de multa.

Ora, toda a gente sabe que *spread* (margem) não é valor mobiliário, mas, numa síntese, o **lucro** representado pela diferença entre os preços de compra e de venda de ação, título ou operação monetária, significando, pois, no cenário de câmbio de moedas, a diferença entre a cotação comercial da moeda estrangeira e o valor pago para realização da operação. Essa margem de lucro é variável entre as instituições financeiras, pois envolve, de cada uma, os custos, descontos de promoções, volume negociado, quantidade

---

[4] Grifos nossos.

de operações, logísticas, etc.. É esta a razão por que, como o reconheceu *in expressis* a denúncia,[5] tal variabilidade pode atrair a formação de cartel para, de modo ilícito, ampliar o lucro de operadoras.

Não se confunde, destarte, com ***valor mobiliário***, que, tomado o vocábulo *título*, não como sinônimo de cártula,[6] enquanto representação gráfica de direitos e obrigações de certos negócios jurídicos, mas no sentido de razão jurídica, pode definir-se breve como título negociável de captação de recursos financeiros para capitalização ou financiamento de empresas, mediante acesso à poupança do público em geral, como, *v. g.*, ações, partes beneficiárias, debêntures, etc..[7] Isto significa, sem lugar para nenhuma dúvida, que *spread* não é *valor mobiliário*, mas lucro que instituição bancária aufere também em operação com valor mobiliário!

Logo, e esta é conclusão inexorável, o art. 35 da Lei nº 13.506, de 2017, que deu nova redação ao art. 27-C da Lei nº 6.385, de 1976, é, em relação ao texto primitivo desta, **norma descriminante** da ação, atribuída ao denunciado, em aditamento, de executar manobra fraudulenta, com a finalidade de *"manipulação do mercado de ndf"* (**sic**), ou seja, de, com o cartel, alterar artificialmente o regular funcionamento do mercado de valores mobiliários. Já não é punível tal ação como núcleo de tipo (art. 27-C da Lei nº 6.385, de 1976, na redação original) abolido por lei posterior (art. 35 da Lei nº 13.506, de 2017) que, retroagindo, deixou de considerá-la criminosa (arts. 2º, *caput*, e 107, inc. III, do Código Penal, cc. art. 5º, inc. XL, da Constituição da República). É a figura da ***abolitio criminis***, numa de suas vertentes mais exemplares.

4. Do Direito à Suspensão Condicional do Processo

D. Como quer que seja, ainda quando, *ad argumentandum tantum*, se pudera transpor esse entrave absoluto à cognição de crime abolido e, como também se viu, da imputação residual redundantemente duplicada, o réu atende ao requisito objetivo de suspensão condicional do processo (art. 89, *caput*, da Lei nº 9.099, de 26 de setembro de 1995).

---

[5] Fls. 05

[6] *Cártula* < lat. **Chartula, ae** (diminutivo) < **Charta, ae** = pequeno papel, pedaço de papel, documento.

[7] Cf., por todos, **Mattos Filho**, **Ary Oswaldo**. *Direito dos valores mobiliários*. RJ: FGV, 2015, vol. I, tomo 1, pp. 19-188.

A razão vistosa é porque, incidente no caso (*tempus regit actum*), o texto primeiro do art. 4º, inc. II, da Lei nº 8.137, de 1990, cominava pena alternativa de multa, e as disposições sucessivas do art. 27-C da Lei nº 6.385, de 1976, estatuem, ambas, pena mínima não superior a 1 (um) ano. E já não há quem negue a admissibilidade da medida, em caso de previsão alternativa de multa. Se a lei, por imperativo de política criminal, autoriza a suspensão quando a pena mínima seja de até 1 (um) ano, não pode negá-la *a fortiori*, se a de multa é cominada em alternativa que pode preexcluir a privação da liberdade. É o que já assentou o **STF**, em acórdão que tivemos a honra de relatar, nestes termos fundamentais:[8]

> "Para a suspensão condicional do processo, a Lei nº 9.099/95 exige que a infração imputada ao réu tenha mínima cominada igual ou inferior a 1 (um) ano.
>
> Entendo que entra no âmbito de admissibilidade da suspensão condicional a imputação de delito que comine pena de multa de forma alternativa à privativa de liberdade, ainda que esta tenha limite mínimo superior a 1 (um) ano.
>
> Nesses casos, a pena mínima cominada, parece-me óbvio, é a de multa, em tudo e por tudo, menor em escala e menos gravosa do que qualquer pena privativa de liberdade ou restritiva de direito. É o que se tira ao artigo 32 do Código Penal, onde as penas privativas de liberdade, restritivas de direito e de multa são capituladas na ordem decrescente de gravidade.
>
> Por isso, se prevista, alternativamente, pena de multa, tem-se por satisfeito um dos requisitos legais para admissibilidade de suspensão condicional do processo.
>
> É o que convém ao caso.
>
> A denúncia oferecida contra o paciente e seu co-réu, (...), imputa-lhes a prática do delito descrito no art. 7º, inc. IX, da Lei nº 8.137/90, assim tipificado:
>
> "Art. 7º. Constitui crime contra as relações de consumo:
>
> [...]
>
> IX – vender, ter em depósito, para vender ou expor à venda, ou de qualquer forma, entregar matéria-prima ou mercadoria, em condições impróprias ao consumo.
>
> Pena – detenção, de 2 (dois) a 5 (cinco) anos, **ou multa**" (grifos nossos).

---

[8] **STF, HC nº 83.926**, 2ª Turma, rel. min. Cezar Peluso, vu, j. 07.08.2007, DJe 14.09.2007, e *RTJ 204/737*.

Não discuto a desproporcionalidade entre as penas cominadas e as condutas previstas no artigo 7º da Lei nº 8.137/90.

O fato é que, contemplada, de forma alternativa, a aplicação exclusiva da pena de multa, abre-se ao acusado a possibilidade de suspensão condicional do processo. É, aliás, o que sustentam os idealizadores da Lei:

"Nas hipóteses em que penas diversas vêm *cominadas alternativamente* (prisão mínima acima de um ano *ou* multa, *ad exemplum*, arts. 4º, 5º e 7º da Lei 8.137/90), nos parece muito evidente o cabimento da suspensão do processo, pela seguinte razão: a pena mínima cominada é a de multa. Se a lei (art. 89) autoriza a suspensão condicional do processo em caso de pena privativa de liberdade mínima até um ano, *a fortiori*, conclui-se que, quando a pena mínima cominada é a multa, também cabe tal instituto. Pouco importa que a multa seja, no caso, alternativa. Se o legislador previu tal pena como alternativa possível é porque, no seu entender, o delito não é daqueles que necessariamente devam ser punidos com pena de prisão. Se, para os efeitos de prevenção geral, contentou-se a lei, em nível de cominação abstrata, com a multa alternativa, é porque, conforme seu entendimento, não se trata de delito de alta reprovabilidade. Sendo assim, entra no amplo espectro da sua nova política criminal de priorizar a ressocialização do infrator por outras vias, que não a prisional. Na essência da suspensão condicional, ademais, outros interesses estão presentes: reparação da vítima, desburocratização da Justiça etc. Para os crimes de média gravidade (e dentro desse conceito entram evidentemente os delitos punidos em abstrato com pena – alternativa – de prisão ou multa) a resposta estatal adequada é a de que acaba de ser descrita".[9]

E é o que proclama também o **STJ**.[10]

---

[9] **GRINOVER**, Ada Pellegrini; **GOMES FILHO**, Antonio Magalhães; **FERNANDES**, Antonio Scarance; **GOMES, Luiz Flávio**. *Juizados especiais criminais*. 4ª ed. SP: Revista dos Tribunais, 2002, p. 255-256.

[10] **RHC nº 83.320-DF**, 5ª Turma, rel. min. Jorge Mussi, j. 11.09.2018, DJe 19.09.2018 (caso idêntico, anterior às alterações do **art. 4º da Lei nº 8.137, de 1990**, introduzidas pela Lei nº 12.259, de 2011); **HC nº 34.422-BA**, 6ª Turma, rel. min. Maria Thereza de Assis Moura, j. 22.05.2007, DJ 10.12.2007, e LEXSTJ 222/288; RHC nº 54.429-SP, 6ª Turma, rel. min. Maria Thereza de Assis Moura, j. 24.03.2015, DJe 29.04.2015; **HC nº 125.850-SP**, rel. min. Maria Thereza de Assis Moura, j. 31.05.2011, DJe 08.06.2011; **HC nº 126.085-RS**, 5ª Turma, rel. min. Arnaldo Esteves Lima, j. 15.10.2009, DJe 16.11.2009; **HC nº 109.980-SP**, 5ª Turma, rel. min. Felix Fischer, j. 04.12.2008, DJe 02.03.2009.

5. Conclusões

E. Do exposto, estamos em que a redação vigente do art. 27-C da Lei nº 6.385, de 1976, dada pela Lei nº 13.506, de 2017 (art. 35), que nem sequer conviria aos fatos narrados, operou *abolitio criminis* ao deixar de reputar criminosa a fixação cartelizada de *spread* cambial (***a***), e, ainda que o não tivesse operado, sua pena mínima cominada e a alternativa de multa do art. 4º, inc. II, da Lei nº 8.137, de 1990, não impedem a suspensão condicional do processo (***b***).

É o que, salvo melhor juízo, nos parece.

Brasília, 8 de novembro de 2018.